Carlos Herrera

La hora de los fósforos

Las intervenciones más divertidas
y escuchadas de la radio

Edición de Ana Isabel Muela

Carlos Herrera

La hora de los fósforos

Las intervenciones más divertidas y escuchadas de la radio

Edición de Ana Isabel Muela

la esfera de los libros

Primera edición: noviembre de 2002
Quinta edición: diciembre de 2002

Avenida de Alfonso XIII, 1, bajos
28002 Madrid
Teléf.: 91 296 02 00 • Fax: 91 296 02 06
Pág. Web: www.esferalibros.com

Diseño de cubierta: Opal
Fotografías del autor: Francisco Alorda
ISBN: 84-9734-090-6
Depósito legal: M. 50.961-2002
Fotocomposición: IRC, S. L.
Impresión: Rigorma
Encuadernación: Martínez
Impreso en España - *Printed in Spain*

Índice

Prólogo

Aquí tienen ustedes, queridos amigos, la expresión llana, sencilla, brillante, surrealista y conmovedora de un buen puñado de oyentes representativos de los muchos que han conformado ese conglomerado fascinante llamado *La Fosforera*. ¿Qué es un «fósforo»?: alguien que se confiesa seguidor de un determinado tipo de radio —la que hacemos en Onda Cero por las tardes— y que toma su nombre del afortunado desliz lingüístico en el que incurrió una deliciosa oyente de un programa que realizaba en Radio Nacional de España cuando intentaba decir que era una auténtica forofa del espacio.

Aquello de «fósforo» prendió en la audiencia y pasó a ser un término de consumo generalizado con el que identificarse aquel que nos escuchaba a diario. El término viajó con quien esto suscribe y es utilizado hoy como muestra de identificación por muchos oyentes de radio en España. Con sólo decir «Soy fósforo» ya sé que me he encontrado con un auténtico oyente de mi programa y que quien me está hablando no está soltando un cumplido del tipo «Lo escucho todos los días». No, quien de verdad me escucha utiliza siempre la palabrita en cuestión.

La hora de los «fósforos» no es ningún invento personal ni una aportación inaudita a la radio mundial. Es algo que se ha hecho siempre. El locutor —a mí me sigue gustando esa palabra en desuso— sugiere un tema de conversación y la audiencia participa a través del teléfono. No puede ser más sencillo. Todo consiste en que la realización de esa hora resulte extraordinariamente dinámica y que se instale en la conciencia del oyente la necesidad de ser breve, conciso, directo y, a poder ser, brillante. No existe *casting* alguno ni preparación previa: muchos días decidimos el tema del día minutos antes de comenzar la hora y tan sólo una persona atiende al teléfono en cuestión. Tal como llaman, son saludados.

La lectura de estas páginas le devolverá la sensación que experimentara en su día si pudo escuchar cada llamada. En caso contrario, podrá conocer alguna de ellas en el disco adjunto. Observarán que tan sólo hemos seleccionado aquellas que corresponden a los días en los que abordamos temas jocosos o curiosos. No siempre invitaron a la carcajada o a la sonrisa: en muchas ocasiones hemos hablado de asuntos dramáticos, trágicos o socialmente espinosos. Creemos que la intensidad emocional de aquellos momentos merece el respeto de archivarlos en la memoria.

Todos los que confeccionamos esta hora nos seguimos sorprendiendo a diario de la capacidad de síntesis y de la muchísima gracia de nuestra audiencia: gente de todos los puntos cardinales, edades, estratos y tendencias despliegan un talento escénico prácticamente único. Nosotros, Naranjo, Luciíta, Rafasimancas, Lorenzo y yo nos dedicamos a una de las cosas más difíciles de la radio de hoy en día: callarse. Efectivamente, un desmedido afán protagonista de muchos habladores ante el micrófono estropea la fuerza soberbia de los testimonios que consiguen: en la radio —me enseñó un viejo y querido maestro— hay que saber callarse y tan sólo intervenir cuando sea absolutamente imprescindible. Sólo hay algo que no podemos hacer: evitar las carcajadas.

Confío en que disfruten sin límite de la inventiva de nuestros oyentes. Verán que cada ocurrencia esconde un talento desmedido.

La familia unida...

En la siguiente visita vivirán las más cómicas y desternillantes situaciones que acontecen dentro del núcleo familiar: antojos, la selección de nombre del niño, la niña que se echa novio por primera vez, los hijos gorrones que no se van de casa de sus padres o, viceversa, padres que no se van de casa de sus hijos. Incluso conocerán a los más mimados animales de compañía. La anécdota, sin ir más lejos, de la madre primeriza llegó a convertirse en un chiste popular, y no olvidamos al pobre Alejandro que, desde el nacimiento de su niño —ahora tiene veinte años—, nunca volvió a dormir. El caso es que no sabemos si es peor ver cómo tu mujer se tira del coche a la carretera para comer alquitrán en un ataque de antojo prenatal o imaginar a ese pobre padre inexperto que limpió el culito de su bebé con la escobilla del váter. En fin, siéntense y empápense del espíritu de los fósforos.

• PEPE, ¡TENGO UN ANTOJO!

Ángel

Fósforo: Tenemos tres niñas y a mi mujer nunca le ha dado por antojos extraños. Pero en la segunda fue increíble. Íbamos en el coche, en carretera, había unas obras y estaban alquitranando. Ni corta ni perezosa, me dice que pare el coche que se quiere tirar al suelo y comerse el alquitrán. Fue increíble. El olor del alquitrán sí es agradable, ¡pero se quería tirar al suelo y tuve que parar el coche! Le dije: «Chica, pero ¿dónde vas? Estate quieta.»

Carlos: ¿Y no llegó a pasarle la mano siquiera?

Fósforo: Sí, sí, si se agachó y tocó el alquitrán, pero que se lo quería comer y la tuve que sujetar y decirle: «Pero ¿dónde vas muchacha?, que esto es alquitrán y no un pastel.» ¡Menos mal que después la niña no me salió negra!

Javier

Fósforo: Como esto de los antojos me coge a mí de lleno, digo, pues voy a llamar a mi amigo Carlos y compañía.

Carlos: Claro, porque usted es el pastelero que da los antojos de las que tienen antojos, ¿no?

Fósforo: Exactamente. Pero esto no es por la pastelería, no. Mi mujer ha tenido cinco hijos y me parece que fue con el segundo, que yo no sé si era un antojo o ganas de darme morcillas fritas que tenía la mujer... Un día estaba de tres o cuatro meses y me dice: «Te tienes que sentar a dormir en la mecedora.» Teníamos una mecedora en el dormitorio muy bonita y me senté a dormir. Y digo: «Bueno, mañana ya se le habrá pasado.» ¡Cuatro meses en la mecedora, cuatro meses hasta que parió! Me levanté el último día con la espalda como una alcayata.

Carlos: Pero ¿por qué le dio...?

Fósforo: Porque decía que era un antojo suyo y además, la primera hora en la mecedora leyendo. Le leía los tres o cuatro periódicos que compraba, el *Marca...* todo, todo, todo lo de deportes le gusta a esta niña. En el segundo parto yo tenía un gramófono muy grande alemán y grababa muchos programas de radio que nos gustaban. Estuvo seis meses escuchando *Matilde, Perico y Periquín.* Tres horas escuchando *Matilde, Perico y Periquín.* Me sé de memoria todos los capítulos. Y yo sentado en la mecedora, porque ya en la cama no la podía aguantar. Había puesto el gramófono ese que era enorme de grande, de estos de bovina de cinta muy grande antiguo, un Telefunken. Lo había puesto en la mesilla de noche, al lado mío, claro. Y yo dije: «Nada, con esto ya se le habrá pasado.» En el cuarto embarazo habíamos estado de veraneo por ahí abajo y en el quinto mes, a las tres de la mañana, la primera vez me lo dijo por la noche: «Yo quiero agua de botijo.» «Pero niña, que voy a la nevera y te traigo un vasito de agua fresquita, le pongo un poquito de limón.» «Yo quiero agua de botijo.» Digo: «Esta niña me va a parir aquí si yo no busco un botijo.» En Huesca en aquella época había botijos pero muy pocos y a las tres de la mañana menos. Así que me recorrí medio Huesca y volví sin el botijo. Y cuando ya estaba a punto de parir, faltaban seis días o siete, que quería parir en una tumbona en la playa, en Comarruga, que veraneábamos allí de vez en cuando. Dice: «A mí me hace mucha ilusión parir a las seis de la mañana mirando el mar.» Así que ya lo sabe usted. Que yo no sé si mi santa tenía antojos o ha tenido ganas de darme morcilla frita durante cinco embarazos.

Carlos: Pero luego se han llevado muy bien y todos los chiquillos en casa...

Fósforo: Buaaaaaa, yo la quiero... y a mis niños no veas, qué te voy a contar. Yo tengo una familia maravillosa y mi mujer es el encanto más grande que hay en todo el mundo entero. La quiero más que a mí mismo. Pero vamos, que a las tres de la mañana buscar un botijo en Huesca, en el mes de octubre, no creas tú que es para escribirlo en el libro Guinness.

José Luis

Fósforo: Yo me casé con una mexicana y sigo casado. Tengo cuatro hijos y una hija. Pues al quinto o sexto mes, a la señora le tenía que cantar rancheras. Había que darle a Mejía, algo de Jorge Negrete, Pedro y el último el Fernández.

Carlos: Y las tenía que cantar usted, ¿no valía un disco?

Carlos: No, no, tenía que cantarle yo. Y cuando desafinaba se cabreaba y lloraba.

Carlos: ¿Y qué tal canta usted las rancheras, amigo?

Fósforo: Empieza a llover. Yo cuando fui a Andalucía, porque nací allí pero viví mucho tiempo en México, en el año de sequía empecé a cantar y en un mes llovía a cántaros.

Carlos: ¿Y se aprendió usted las letras de las rancheras y todo?

Fósforo: Eso sí, todas las letras me las aprendía.

Carlos: ¿Y cuál es la favorita de su esposa?

Fósforo: Volver, volver, que es con la que se quedó embarazada.

Carlos: ¿Y se lo pedía así tal cual?

Fósforo: Así tal cual, y cuando tenía que gritar: «Y volver, volver...» no veas, parecía eso una jaula de grillos.

• MADRE POR PRIMERA VEZ

Mari Carmen

Fósforo: Cuando tuve mi primera hija, al darme el alta en el hospital me dieron un informe con lo que le tenía que dar. Entonces, la primera visita al pediatra, como estaba muy cercana de la casa de mi madre que era donde estaba yo, me fui sin niña. Yo dije: «¿Para qué la voy a despertar?, si total, para que me recete lo mismo, pues voy yo sola.» Llego, el pediatra muy serio me dice: «¿Y la niña?» Digo: «En casa.» Y responde: «Pues allí puede estar.» Y le contesté: «Es que, como sólo tiene que recetarme esto...» «¡Pero señora!, si es la primera vez que viene con la niña.» Y le digo: «Bueno, bueno.

Mire, vivo ahí, ahora mismo vengo.» Llego con la niña, me siento y me pregunta: «¿Y qué tal está?» Y le respondo: «Hombre, bien. Me tiran un poco los puntos.» Y coge la enfermera y me dice: «Usted no, la niña.»

Carlos: ¿Y cómo acabó la visita, Mari Carmen?

Fósforo: Bien, bien... bueno, yo debajo de la mesa porque no sabía ni dónde meterme de la vergüenza. Luego, en las posteriores visitas, como tienes que ir al pediatra, al traumatólogo, a este especialista, al otro... llamaba por teléfono: «Mire, que quiero que me den para Elena Pérez.» Y me decía: «¿A qué hora le damos, a las doce?» «¡Ay! es que me toca darle el pecho.» Y contestaba: «Pues a las doce y cuarto». «¡Es que no he terminado todavía!» «Pues entonces, a las doce y media!» «¡Ay, por Dios! es que voy a andar un poco...» «Pues entonces a qué hora quiere que le demos señora?» Claro, es que a mí me daba apuro porque tenía que darle el pecho a la hora exacta, siempre a la hora exacta y como me dieran cita para esa hora yo ya no podía ir al médico.

Rosa

Fósforo: Yo tengo dos anécdotas rapiditas. Una es de mi marido y otra de mi hermano pequeño. Mi marido tiene cuarenta y siete años y en aquellos tiempos de posguerra a mi suegra le nació el primer niño. Todo el mundo daba teta pero ella no tenía teta y entonces le mandaron leche condensada. Como es tan roñosa y sigue siendo roñosa, un poco más y me quedo sin marido en aquellos tiempos. El niño se estaba muriendo y cada día estaba más «encojinado» y chiquitito y es que para que le cundiera el bote de leche condensada le añadía agua. Y al final se dieron cuenta de por qué el niño estaba «enritanaíto», como los de Biafra. Ella lo cuenta con mucha pena hoy día: «Como valía tanto, para que me cundiera le añadía agua. Estaba dulce y para adelante.» Y la segunda es que nos quedamos sin madre cinco niños, todos chiquititos. Mi padre nos ha querido mucho pero ha sido muy asqueroso. Es de los hombres que no podía soportar la caca de un niño. Fabricaba niños, pero nunca ha soportado la caca de uno. Un día que no estaba la tata entramos en el patio y vemos a mi padre; en un pueblo de Toledo que vivíamos, mi madre murió en febrero, imaginaros el frío que haría. El niño con dos años desnudito en la pila de lavar y mi hermana y mi padre con la escobilla del váter limpiándole la caca al niño.

Carlos: ¿Y su suegra es, digamos, un poco «echá pa'trás», no?

Fósforo: Eso sí, eso sí, hijo mío. Eso no podemos sacar cuenta y siempre lo dice: «Ya lo sé, pero es que pobrecito mi niño...» Mi marido lo que le queda de pena en esta vida es que en vez de tener un hermano de leche tiene una vaca de leche, porque dice que gracias a una vaca está en el mundo.

• ¿QUÉ NOMBRE LE PONEMOS?

Antonio

Fósforo: Tengo por aquí el apellido de un amigo mío que es Guerrero Valiente. Y luego tengo una historieta, y es que casi no me la creo ni yo. Mi madre es enfermera de un ambulatorio de Cornellá y había una mujer, una paciente, que se llamaba «Coño Pelado». Yo no sé si será verdad, hasta a mí me cuesta creerlo. Por lo visto, las enfermeras pasaba una, pasaba otra, porque nadie se atrevía a llamar a la señora. Entonces, después de media hora discutiendo, salió una y dice: «¿Señora Coño?» Y la señora dijo: «Y Pelado.»

Reyes

Fósforo: El guardés de una finca que teníamos en Salamanca tenía tres hijos. El primero se llamaba Jesús, el segundo José y la tercera María. Y cuando se quedó la mujer embarazada mi madre le preguntó: «¿Y a éste cómo le vas a poner?» Y le dijo: «Susdoy.» «¿Pero cómo le vas a llamar Susdoy?, ¿qué nombre es ese?» Y contestó: «Hombre, señora, ¡Jesús, José y María, Susdoy el corazón y el alma mía!»

Carlos: ¿Pero se lo llegó a poner o no?

Fósforo: Sí, sí, desde luego el cuarto se llamaba Susdoy. No sé cómo lo registraría pero el niño se llama Susdoy.

- NIÑOS QUE NO DUERMEN... (¡SÁLVESE QUIEN PUEDA!)

Alejandro

Fósforo: Si usted se encuentra conmigo por la calle y ve a un tío con unas ojeras negras, negras, negras, como el sobrino de Nosferatu, ese soy yo. ¡Una cosa mala! Yo tengo dos hijos pequeños, tengo una hija mayor, pero vamos, esa pasamos sin pena ni gloria porque era una malva. Pero los dos pequeños tienen tres y un año. El mediano nació con una intolerancia a las proteínas de la leche de vaca, que usted como médico sabrá que es un niño que coma lo que coma le va a sentar siempre mal. Y llorar, la verdad es que no son llorones mis hijos, pero chillar, chillan día y noche. Incluso cuando ya se le detectó el problema y se le corrigió y ya el niño estaba haciendo la alimentación debida, el tío le había cogido gusto y ni a sol ni sombra dormía, ni dejaba de chillar ni nada que se le pareciera. Luego vino Guillermo, y como una tumba, ¡madre mía qué niño!, ¡ya podría aprender este niño de Guillermo, del que ha aparecido, qué maravilla! Duerme, come, no da un ruido, no llora, absolutamente nada. Fue cumplir dos años y medio, el mediano dormir la noche entera y de un día para otro cogió el relevo el pequeño, pero con mucha más fuerza. Médicos, neurólogos, absolutamente todo. Y ya estamos nosotros con el psiquiatra y hemos llegado a la conclusión de que lo que quieren es hundirnos.

Carlos: Pero dígame, Alejandro, en el caso de su niño, si usted le deja llorar tranquilamente y se duerme con cierta placidez, ¿el niño no se cansa?

Fósforo: El niño se sube encima de mí y salta. A mí no me deja dormir. Vivimos en el campo y tenemos un pastor alemán que es como una oveja con aspecto fiero, un perro muy manso. Solamente se callan los chiquillos cuando les sacamos a la calle a las tantas de la noche y les decimos: «¡Pues vas a dormir con el perro!» Y les dejamos en la puerta con el perro y ya es cuando se callan, hasta la siguiente hora u hora y media, porque luego ya vuelta a empezar.

Carlos: ¿Y así lleva usted cuánto tiempo, Alejandro?

Fósforo: Hará en agosto tres años.

Carlos: Y luego son niños que durante el día son plácidos, tranquilitos y vienen las visitas...

Fósforo: Son como cabras montesas porque no duermen ni de día ni de noche. Están todo el día en danza.

Carlos: ¡Ya cambiarán!, no se preocupe.

Fósforo: No, no, si aquí tenemos todo el tiempo del mundo. Otra cosa es que nosotros duremos.

Javier

Fósforo: A mí me pasaba con mi hermana, que ahora ya tiene dieciocho años, mide casi 1,80. Cuando era pequeña, la única forma que había de dormirla era cuando yo la cantaba canciones de la Guerra Civil, himnos militares... Era la única forma.

Y no solamente ha dado resultado con ella, sino que luego con otros hijos de amigos les decía: «Sí, sí, trae a la criatura.» Lo mismo le daba *Puente de los Franceses, ¡Ay, Carmela!, Novio de la muerte, Vino la legión...* lo mismo le daba pero se dormía.

Carlos: Y luego de mayor ¿eso no le ha creado ninguna dependencia.

Fósforo: Nada, ningún trauma a la chiquita, ningún trauma.

Carlos: Y no falla, ¿no? Es decir, usted le cantaba *Montañas nevadas* y caía redonda.

Fósforo: Montañas nevadas, Banderas al viento, Letras, letras, lo que fuera. Un día el *Novio de la muerte,* otro día *Puente de los Franceses,* el himno de la legión, lo que fuera. Y la niña se dormía. Tengo dos hermanas y una lloraba por todo y la otra lloraba por nada.

José

Fósforo: Yo tengo una niña que es celiaca, padece intolerancia al gluten. Hasta que descubrimos eso, imagínate lo mucho que pasamos.

Carlos: Sí, pobrecitos, lo pasan regular esos chiquillos.

Fósforo: Regular nada más. Lo peor, nosotros, que no sabíamos a qué atenernos. Como la niña no dormía, pues fatal. Pero cuando ya empezamos a tratarla y tenía sus dietas, nos encontramos con que la criaturita se ha acostumbrado tanto a nosotros que sólo duerme con nosotros, y en brazos, y etcétera. Es soltarla en la cuna y al rato: «Bua, bua, bua, bua...» Y eso no es llorar, eso es berrear, eso es horroroso. Así fue pasando el tiempo, dormía mejor, dormía peor, pero cuando llega al casi año y medio o dos añitos ya no duerme. Ya no duerme y lo peor de todo es que, además, si duerme, duerme en mi cama, con nosotros.

Carlos: ¿Qué tiempo tiene ya la chiquilla?

Fósforo: Ya está en dos años y medio. Pero verás, esto es muy bueno. Es que no puede dormir en nuestra cama con nosotros dos por más grande que sea la cama, porque mi hija duerme horizontal, pero horizontal perpendicular a nosotros, o sea, no la puedes meter en medio. Eso se lía a dar patadas, macho, y parece que te ha trincado el defensa del Bayern de Múnich y unas patadas a los riñones, pum, pum, pum, pum y llega un momento en que nos levantamos los dos corriendo: «¡Me cago en sus muertos!» Pues bueno, al final qué es lo que pasa. Al final, lógicamente, se sacrifica uno y al sofá. ¡Llevo ocho meses durmiendo en el sofá, Carlos!

Carlos: ¿Y qué tal se duerme en su sofá, José?

Fósforo: El sofá es un sofá cama. Esto está más duro que el cuerno de una persona mayor. En ese sofá yo hago prácticamente toda mi vida. Aquí veo la tele, aquí mantengo mis cositas con mi esposa cuando puedo, aquí hacemos de todo. Pero a la habitación no se puede pasar, no se puede ir al baño porque se despierta. ¡Horroroso, Carlos! Bueno, ¡pues he descubierto cómo dormir!

Carlos: ¿Cómo?

Fósforo: Me voy a ese pedazo de farmacéutico y me dice: «Mira, si estás muy desesperado, aquí hay una cosita. Llévate esto.» Yo me lo llevo. Es un botecito pequeño pero mejor eso que un martillo. Me pongo a leer el prospecto y veo que aquello es para los bronquios. Digo: «¡Coño!, ¿éste qué me ha dado a mí?» Total, vuelvo otra vez y le digo: «Oye, Alberto, ¿qué me has dado?» Dice: «No, hombre no. No te preocupes. Esto lo que pasa es que todos estos medicamentos producen un poquito de sueño porque son relajantes.» Oye, le doy una gotita por peso, calculo y para dentro. ¡La niña lleva treinta días durmiendo como una leona! Ahora, eso sí, mocos tiene que es un grifo.

María José

Fósforo: Mi hijo, desde que nació hasta los nueve meses, no le oí llorar. A los nueve meses empezó a llorar hasta los siete años y medio. Es que encima, al principio, como el niño no lloraba, yo pensé que estaría malo con los dientes. Para que mi marido no tuviera problemas luego a la hora de conducir, pues no le dejaba levantarse; me levantaba yo. Cuando ya era una noche, otra noche, una semana, otra semana... le mandé levantarse y el niño no quería ver a nadie, sólo a su madre.

Carlos: Claro, es que para eso los niños son tan...

Fósforo: Era bañarle antes de cenar, se dormía al primer sueño. A las doce y media, cuando me iba a meter a la cama, que me ponía el pijama y todo fuera a oscuras, según te ibas a incorporar empezaba y hasta las siete de la mañana. ¡Así todos los días!

Carlos: ¿Y no dormía durante el día?

Fósforo: Media hora de siesta. ¡Y que no pasara una mosca! A los dos años tuve una niña. Esa empezó a llorar cuando nació y hasta que no pasaron tres meses no se calló. ¡Pero su padre no se enteraba! Su padre al revés; se levantaba por la mañana y me decía: «Hoy has dormido bien, ¿eh?»

Santiago

Fósforo: Yo me tiré tres años sin pegar ojo. Ahora la criatura tiene veinte años ya, pero todavía llevo sueño retrasado. No lo he podido recuperar.

Carlos: Le noto a usted cansado.

Fósforo: Sí, sí, es que es un cansancio para pasarlo, eso no es para contarlo.

Carlos: ¿Lo pasó muy mal, Santiago?

Fósforo: Desde el punto de llegar a mi casa y entregarme al niño sin poderme quitar la chaqueta ni nada; o sea, llegar mi mujer y decirme: «Toma al niño que estoy harta de él.» El niño era un poquitín vago porque mamaba tres minutos, se cansaba y se dormía. Con lo cual, cada diez minutos había que darle de comer. Le quitaron el pecho, le dieron biberón y el niño seguía igual. Y yo me pasaba los días de Algete a Alcalá de Henares a la una o a las dos de la mañana porque el niño en el coche sí se dormía. ¡Era una alhaja!

Carlos: ¿Y el primer día que durmió usted se quedó más tranquilo?

Fósforo: No, si es que ya no he vuelto a dormir

Carlos: ¿Cómo que no ha vuelto a dormir?

Fósforo: Yo soy una persona que dormía ocho o nueve horas del tirón y ya no. Ya por las noches me despierto. El colmo es que tuvimos una niña al año y nos levantábamos para ver si le pasaba algo. La teníamos que zarandear. La niña no decía ni «mu». Y ya es que la zarandeábamos para ver si es que le pasaba algo a la niña porque no era normal. Como el otro se pasaba cada quince minutos llorando...

Carlos: Y ahora, cuando tiene veinte años y usted se lo recuerda, ¿qué le dice el chiquillo?

Fósforo: ¡Ah! No dice nada, dice que para eso estamos.

- HIJO, ¿ADÓNDE VAS CON ESAS PINTAS?

Maite

Fósforo: Estáis tocando un tema que me tiene deprimida. Tengo una hija de dieciocho años. Hasta el año pasado era normal, una chiquilla normal, con sus pantalones anchos de abajo... Se me juntó con un grupo de estos de *punkies;* ¡Ay, Carlos! no te imaginas... Agujas por todos lados, pinchos por todos lados, media encima de media y encima calcetín y encima unos botos. ¡Pero en pleno verano!, invierno y verano. ¡Y no te pierdas!, la última media que va encima de la otra toda llena de agujeros y a veces son tan grandes que hay que engancharlos con un imperdible.

Carlos: ¿Para que no se suelten?

Fósforo: Claro, coge una puntita y otra puntita y otro imperdible. Unos pantalones y encima una falda, bueno, un cinturón ancho. Y encima todo lleno de parches enganchados con imperdibles, parches antitodo.

Fósforo: ¿Cómo que parches antitodo?

Carlos: Antitodo. Pues antinazis... Yo le digo: «¡Un día te van a coger en una esquina y te van a inflar a hostias! Hay grupos que están desquiciados y uno solo no hace nada pero si te coge un grupo de estos de los que tú estás en contra te van a dar hostias hasta en el carné de identidad.»

Carlos: ¿Y cómo lleva la cabeza?

Fósforo: Uy, uy, uy, uy, uy... Bueno, las camisetas se las compra de segunda mano porque para qué queremos comprarlas nuevas si luego las destrozamos. Todo lo que es la gomilla del cuello y la de la cintura, de entrada tijeretazo a lo bestia. Luego cuelga de un lado pero ¡no pasa nada!, tenemos el remedio del imperdible. Si se ha quedado más ancho o se cae del hombro, pues nada, el imperdible famoso. Y ahora le da por pintar camisetas con calaveras, y me dice el otro día: «Mamá, ¿tú no querrás una camiseta? ¡Sólo cobro mil pesetas por dibujo!»

Carlos: Hasta «hasen negosi».

Fósforo: Exacto. Su hermano tiene quince años y es más normalito, de momento no tengo estos problemas. Y dice: «Pol me ha dicho que quiere un dibujo por delante y un dibujo por detrás. Y le he dicho que ¡claro!, dos mil y la camiseta tres mil.» Negocio redondo, ¿no? ¿Y las crestas, Carlos?

Carlos: Eso quería yo saber, las crestas.

Fósforo: ¿Y los amigos que me trae? Unas crestas, Carlos...
Carlos: ¿Son buenos muchachos?
Fósforo: ¡Ay, hijo! Si no saben ni hablar, cariño. Llega un momento que dices: «Bueno, a ver. El hábito no hace el monje», pero te pones a hablar con ellos y: «Ja, sí, eh, mm...» Tienen cuatro palabras que comentan continuamente pero nada más, nada más. Y me dice: «Mamá, ¿se puede quedar a dormir...?» «Pero vamos a ver, ¿no tiene su casa a cinco kilómetros?» «No, es que con sus padres no se lleva bien.» «¡Coño, y yo sí me lo tengo que tragar!»

Juan

Fósforo: Tengo una pareja que es para meterla en la cárcel.
Carlos: ¿Por qué?
Fósforo: ¿Tú te acuerdas de un torero que se llamaba Mondeño?
Carlos: Sí, Puerta, Camino y Mondeño.
Fósforo: ¡La puerta, la que le voy a dar a los dos!
Carlos: ¿Por qué?
Fósforo: Porque tiene unos pantalones vaqueros que va como Mondeño. Salía a torear, dejaba el capote de pie en medio de la plaza y se quedaba de pie el capote. Pues los pantalones de mi niño lo mismo. Coge los vaqueros, los deja sin persona dentro y se quedan de pie de la mierda que tienen.
Carlos: ¿Y no hay manera de...?
Fósforo: ¿Manera? Manera de ponerle una argolla al cuello. El niño que no, que es la moda. Y lleva cuatro años con la moda que ya no sé qué hacer con los pantalones, si ha adelgazado, si ha engordado... Y la niña ¡un número!
Carlos: ¿Por qué? ¿Cómo es la niña?

Fósforo: A la niña que le gustan las falditas muy cortas, muy cortitas, muy cortitas. Y claro, se agacha y se le ven los cucos. Ahora dice que la moda son los cucos calados.

Carlos: ¿Cómo es el cuco calado?

Fósforo: El cuco calado es el cuco que hacían las madres antes de punto y hacían cositas, ¡con boquetitos! Claro, yo digo que no, que si quiere que se ponga unos cucos normales en casa y unos calados cuando salga a la calle.

Carlos: ¿Y el resto de la vestimenta cómo es?

Fósforo: El resto de la vestimenta totalmente de acuerdo con lo que lleva. Unas veces se pone unas botas de domador, otras veces la niña me viene con media cabeza de color colorado y la otra media de amarillo. ¿Dónde coño saca, dinero?, ¡porque eso cuesta dinero! Pues no, se lo hace una amiga a la otra. ¡Es un número! Se colocan unas argollas en las orejas de colores. ¡Y qué vas a hacer! Le vas a decir: «Niña, que no.» Y le he dicho: «Por lo menos, cuando salgas que no te vea porque, como te vea, vas a salir volando por la ventana.» Un desastre, un desastre... No hay quien pueda con esto.

Carlos: Pero es una moda que se pasa. ¿Usted está en ese sentido confiado?

Fósforo: Yo estoy ya curadito, curadito y aguantando. Ya te digo, los cuquitos calados era lo último ya.

Carlos: Y la faldita es muy corta ¿no?

Fósforo: ¿Muy corta? ¡Como se agache mucho enseña la garganta!

• La niña ya tiene novio

Gema

Fósforo: El novio de mi niña es tranquilo y mi niña es un manojo de nervios. Tenemos las dos cosas a punto. Mi marido es un poco serio y la niña lleva saliendo con el novio tres o cuatro años. El chiquillo venía a la puerta a recogerla. El padre le veía, yo le veía, pero el padre me decía: «Tiene que venir a hablar conmigo, ¿eh?» La niña: «¡Qué antiguo es mi padre, mamá! Que yo eso no, que no, que yo no quiero que hable con él.» El padre: «Pues hasta que no hable conmigo ése no entra.» Bueno, pues convenzo a la niña. Yo en medio, claro. Convenzo a la niña y le digo: «Niña, dile a Raúl que venga y que hable con tu padre. Total, si no le va a decir nada.» Bueno, pues quedamos en un bar. Tú imagínate el papelito; los tres sentados, a las seis de la tarde, en pleno agosto, en Sevilla, y él hartito de trabajar que venía. «¿Qué pasa?» «Hola.» «Hola, hola.» «Tres cervecitas.» «Bueno, ¿y qué?» «Pues nada, aquí estamos.» «Y... ¿vais a tomar algo más?» «No, no, no tenemos ganas.» La niña dándome patadas por debajo de la mesa. El padre, para hacer tiempo, se levanta y hace como que va al servicio. Y en eso que me dice el novio de mi niña a mí: «Gema, ¿qué le digo?» «Hijo, yo no sé lo que vas a decir. Pues tú le dices, mire usted, que yo soy serio, que yo le voy a cuidar...» A esto que viene el padre y se sienta. «Qué, ¿queremos otra cervecita?» «No, no, mire usted, yo no quiero más. Bueno, pues mire usted, qué le iba a decir, yo estoy saliendo con su hija y...» Mi marido: «Bueno, vale, muy bien. Yo lo único que quiero es que os respetéis, ¿eh?» «No, sí, sí, si yo la respeto, yo la respeto.» «Ea, bueno, vale. Ea, paga y vámonos.» Y esa fue la presentación.

Carlos: ¿Y siguen saliendo juntos?

Fósforo: Sí. Ahora viene los lunes a comer. Y tenemos que hacer la comida el domingo por la tarde.

Carlos: ¿Por qué?

Fósforo: ¡Hijo, porque es un mastodonte comiendo!

José

Fósforo: Voy a hablar del novio de mi hermana. Bueno, de una de mis hermanas porque te voy a poner en antecedentes. Yo soy de una familia de cinco hermanas y yo soy el único hermano. Y mi padre es de los de hace muchos años, tiene unos sesenta o setenta años y está criado en época de Franco, que vengan los novios a presentarse, etcétera, etc. Estábamos en fin de año todo el mundo en mi casa, bien vestidos, todo el mundo con el esmoquin, oliendo bien, todo perfecto, y en un momento dado suena la puerta. Aparece un chico más bien escuchimizado, con el pelo así a lo loco, con una camisa de esmoquin que no era camisa de esmoquin, con una pajarita que no era pajarita, con unos pantalones vaqueros negros, unas playeras negras para que parecieran zapatos, unos calcetines blancos del Barça... Se queda mirando para mi padre, que siempre le han llamado don José, y le dice: «¡Qué pasa, Pepe!»

Carlos: ¿Y qué dijo su padre?

Fósforo: Sin conocerle de nada, así, sin anestesia, le dice: «¡Qué pasa, Pepe!, que soy el novio de tu hija». Y se queda mirando para mi madre y dice: «¡Vaya chica más maja!» Nos quedamos todos alucinados. Y encima le termina preguntando mi padre, que se quedó tan pasmado: «Bueno, ¿y tú qué haces?» Dice: «No, yo soy músico.» Y dice mi padre: «¡Y encima músico!»

Carlos: ¿Y siguen siendo novios?

Fósforo: Sí, siguen siendo novios. Mi madre le llamaba siempre «El bohemio» y al final ha resultado que es el mejor de todos los novios.

Isabel

Fósforo: El novio que tenía mi hija, que ya gracias a Dios no lo tiene, era el colmo de los colmos. Era italiano, pero era del sur de Italia, no recuerdo ahora la comarca pero de un sitio que eran cerradísimos. Venía vestido con unas camisas que nosotros decíamos: «¿De dónde sacará esto, en los mercadillos?»; de cuadritos a vichy, blanco y verde, blanco y azul... ¡Horrible! Después, ¡no se duchaba! Se quedaba aquí en casa una semana y no se duchaba. Se acostaba en la habitación que teníamos al lado y ahí no podías entrar de la peste que había. Se levantaba de la cama y empezaba a hacer eructos, ¡venga a hacer eructos!, ¡eructos y pedos, eructos y pedos! Y le decíamos: «Pero Marco, ¡dúchate!» «No, no, no, ya me ducharé, ya me ducharé.» No quería que le lavara la ropa tampoco, que su madre se la lavaba en la *lavatrice* o no sé cómo dicen ellos. Y un día por la mañana se levanta muy temprano y me dice que le encienda el calentador que se va a duchar. Y digo: «¡Ay, aleluya!» Se duchó y le dice a mi hija: «Ahora nos vamos a la playa, me voy a arreglar.» Y mi hija es todo lo contrario. Mi hija es supermirada para todo. Y mi hija me decía: «Mamá, cuando venga (porque venía con unos pelos, unas barbas, una peste), hasta que no lo metas aquí dentro que yo le duche y le cambie de ropa, si te encuentras a alguien por la escalera no le digas que es mi novio.» Se prepara para ir a la playa, aquello ya fue el no va más. Se puso un bañador rosa del color de los bebés, una camiseta de ropa interior por dentro, sus calcetines blancos y sus chancletas. Y yo le decía a mi hija: «Pero por Dios, Marta, ¿cómo puedes estar enamorada de esto?», ¡por Dios! Es que era increíble. Y que no le dejaba. «Mamá, es que es tan buena persona...» Y es que era una bellísima persona.

Carlos: Pero guarro.

Fósforo: Guarro a más no poder.

Carlos: ¿Y cuando se levantaba iba eructando por el pasillo?

Fósforo: Sí, sí, eructaba. Y una noche vinieron ya de madrugada, nosotros estábamos durmiendo y se metió en la habitación nuestra a hacernos eructos.

Carlos: Pero ¿como una gracia o cómo?

Fósforo: Era una diversión para él. Le llevó un día mi hija a un restaurante de estos de comida rápida, se metió detrás de la barra, cogió el micro y empezó a hacer eructos.

Carlos: Y usted se quería morir en ese momento.

Fósforo: ¡Ay, por favor! Es que me daba tanta lástima. Es que era tan noble, tan generoso, que te daba mucha lástima, pero es que era un impresentable.

Carlos: Usted qué cara ponía, o cómo lo justificaba: «¡Qué gracioso que es Marco!»

Fósforo: No, no, no, yo cuando hacía eso le decía: «Marco, eso es de muy mal educado.» Y decía que ya lo sabía. Pero él seguía.

Javier

Carlos: ¿Qué pasa con el novio de su hija, amigo?

Fósforo: Yo tengo cuatro. Yo soy abuelo ya hace un montón de años. La primera tenía un novio, un noviete en la Universidad y yo y su madre igual: «Oye, que tienes que presentarnos al novio y a ver quién es.» Era de muy buena familia, decían. Y un día me lo presentó. El Miércoles Santo. Y me lo trajo vestido de penitente. Vestido de penitente, con el capirote y el antifaz. Y el tío llevaba una faja de terciopelo grande, una capa y el cirio encendido. Y se me presenta el tío allí con mi hija. Yo cogí a mi hija y le dije: «Mira, hija mía, dile que se quite el antifaz.» Y dice: «Opá, que no se puede quitar el capirote porque se le ha rajado por detrás con el sudor y no se lo puede sacar.» ¡Y no veía! No, no, a mí no me veía. ¡A mí qué me va a ver si iba con el antifaz y se le había caído todo el cartón por los ojos! Y va el niño y se sienta en el butacón. Y con la punta del capirote le dio a la lámpara. La primera que hizo; se cayeron seis o siete cristales de la lámpara. Mi mujer escondida. Mi niña que se fue a mear o no sé dónde iría. Y ahí que me quedo yo solo con el penitente. «¿Tú cómo te llamas?» Y una voz de ultratumba que salía de allí de debajo del capirote. «Yo me llamo Roberto.» «¿Y tu padre es de posibles?» «No, de posibles no, pero es normal. Es uno normal.» Y digo: «Bueno, pues tú te quitas el capirote o yo no te digo a ti ni que sí ni que no.» Total, que saqué dos copas de coñac y no se las pudo tomar. Se metió la copa de coñac por debajo del antifaz y el capirote «pa'tras» que le daba en la pared y dale que te pego con la copa. Digo: «A este tío le ha dado un infarto o alguna cosa.» Total, que ya sale la niña y le digo: «Mira, niña, coge al penitente que va a terminar la procesión ya. Llévatelo con la cruz de guía o con quien coño quieras y mañana que se presente sin disfraz.»

Carlos: ¿Y se presentó?

Fósforo: Se presentó con su padre, que es notario.

- PEPE, MAÑANA VIENEN MIS PADRES

Luis

Fósforo: Mi cuñado tiene una novia japonesa. Cuando la llevó al pueblo, un pueblecito de La Mancha, ya mi suegro lo primero que me dijo fue: «Es China.» Y yo le decía: «No, Santiago, es japonesa.» La chica fue cayendo en gracia. A mi suegra le hacía mucha gracia porque decía que tenía la cara como de cerámica, todo el rato mirándola... Pero lo bueno fue cuando vinieron sus padres. Vinieron una semana a España y fueron dos días al pueblo. El padre de ella y mi suegro tenían su tira y afloja porque el idioma... Una mañana se levantó mi suegro y estaba el japonés haciendo tai-chi. Mi suegro me llama y me levanto. El japonés nos ve y dice mi suegro: «Qué, ¿haciendo la gimnasia?» Y el hombre le hizo un giro así tipo kárate e hizo un «Jaaaa» y le dice mi suegro: «A mí no te acerques que te pego una hostia...»

• LOS HIJOS QUE NO SE VAN DE CASA DE LOS PADRES

Jesús

Fósforo: Yo tengo cuarenta y tres añitos ya y sigo viviendo con mis padres pero vamos, ¡como una persona mayor! Yo tengo mi casa que está pagada y todo.

Carlos: ¿Y por qué no se ha ido usted a su casa, Jesús?

Fósforo: No, si estuve a punto de irme y me decía mi padre: «Hijo, pero si es que las casas cerradas se estropean.» Y le dije: «Pues coño, la alquilo.» Y la alquilé. Es que no encuentro a nadie que me planche las camisas y las corbatas como mi madre. Ahora me voy a ganar tu respeto porque yo a mi padre todos los meses le regalo una cajita de Epicure que le sientan divinamente. Porque tengo entendido que eres fumador de puros y sabrás apreciarlos.

Carlos: Pero del uno, del dos, de cuál.

Fósforo: Del uno, claro, del uno.

Naranjo: Carlos, no te dejes engatusar. Que no te mande ninguno que aparece en tu casa.

Carlos: Pero su padre no le dice nunca: «Hombre, Jesusito, que ya tienes cuarenta y tres tacos, búscate una novia, vete de casa...»

Fósforo: No, si yo novias tengo, pero lo que pasa es que cuando se ponen las cosas duras es el momento de romper. Porque me dicen: «¿No tienes intención de casarte? Y yo digo: «Pero qué dices, tú fumas algo, estás loca...»

Carlos: Y no teme usted que llegue un momento en el que no haya formado una familia, no le sobrepase esa responsabilidad histórica...

Fósforo: No, hombre, no. Y si me sale un hijo gorrón como yo, ¿qué?

• LOS PADRES QUE NO SE VAN DE CASA DE LOS HIJOS

Paqui

Fósforo: Yo soy empleada de hogar y fui a un trabajo. Era una señora de setenta años que vivía su madre con ella. El primer día me dice la señora, la madre, lo que voy a ganar y se supone que yo entraba a trabajar para cuidar de la señora. Ella puso el precio, pero la que me pagaba era la hija. Aparte de que esta señora con treinta años se quiso independizar de los padres, se compró un piso y los padres, a los pocos meses, vendieron el piso y se fueron los dos a vivir con la hija.

Carlos: Y la hija cumplió setenta con la madre.

Fósforo: ¿Setenta? Y la madre noventa. Pero lo gracioso es que yo, al llevar poco tiempo allí, veo un día que va a salir la hija por la puerta y la madre se puso por delante. Como no le gustaba la ropa que llevaba, la hija no salía a la calle. Y no salió hasta que no se cambió de ropa. O cuando la madre se quedaba a solas conmigo porque la hija salía a comprar o cualquier cosa, iba a la habitación de la hija a espiar todo lo que tenía.

Carlos: ¿Y la hija qué decía? Con resignación.

Fósforo: La hija con resignación, sí. Hasta que falleció la madre y ahora, aunque parezca increíble, la echa de menos.

Carlos: ¿Y no se ha echado un novio?

Fósforo: No, qué va, qué va, qué va. Si es que lo gracioso es que esta señora era monja y los padres fueron a hablar con la madre superiora para que su hija saliera de ser monja porque tenía que cuidarlos a ellos porque era la única hija que tenían.

• HOMBRES «COCINILLAS»

Lubina

Fósforo: Yo soy marroquí. Llevo aquí muchos años, de cuando la Gran Vía se llamaba José Antonio. Queríamos hacer una lubina a la sal. Vinieron unos amigos a cenar a casa, mi mujer se había ido a la peluquería porque no quería que el pelo le cogiera olor a pescado. Una chica ecuatoriana que tengo trabajando en casa, que no tiene ni idea de la cocina, sabe nada más que arroz y pollo, no sabe nada de la lubina. Digo «pues lávalas, déjalas en el escurridor.» Ahora yo voy, pongo la sal en la bandeja, abajo, mirando el libro, la sal. Las lubinas están en el escurridor, yo me voy. Digo, «ya está»; dice sí; digo «métela en el horno.» Digo «déjala veinte minutos.» Los amigos ya han venido, no les voy a dejar solos. Viene mi mujer. Estamos tomando un aperitivo. Digo: «Gregoria, trae la bandeja.» Cuando trajo la bandeja estaba nada más que la sal. La lubina estaba en el escurridor. Estuvo la bandeja veinte minutos, se derritió la sal y la lubina seguía en el escurridor. Me quedé... bien.

Carlos: ¿Pero ella qué entendió entonces que tenía que hacer?

Fósforo: Meter la lubina y yo tapándola con la sal. Yo tapé la bandeja con la sal. Las lubinas estaban en el escurridor.

Carlos: ¿Y qué les dio usted a sus amigos, Ismael?

Fósforo: Ya nos conocemos, qué remedio.

Carlos: Usted no ha hecho cous cous nunca en casa.

Fósforo: Yo cocino muy poco, no mucho, pero algunas veces sí que me toca la cocina. Pero las lubinas se quedaron en el escurridor.

• Animales de compañía: los más mimados

Antonio

Fósforo: Yo tengo un cocker, una perrita, que le falta hablar. Además, es la cosa más mimada de este mundo. Se puede comparar con un marajá cómo vive. Come con nosotros en la mesa de lo que comemos nosotros. Hoy se ha comido un potaje de espinacas, o sea, come de todo. Tiene la habitación para ella sola, tiene muñecos a mansalva, tiene que dormir con nosotros dentro de la cama entre medias de mi mujer y yo con el problema que eso representa en ciertos momentos de intimidad marital... Y sus necesidades no las hace en la calle, las tiene que hacer en el baño de casa que tiene una tapadera especial en el inodoro para que la perra se pueda apoyar. Tenemos tres tapaderas en el baño: la normal que tapa todo, la de la perra y la otra con el agujero. La vestimos en las fiestas y cuando quiere salir a la calle ella elige su vestidito, el que le da la gana.

Carlos: ¿Cómo? ¿Qué tipo de vestidito le pone usted?

Fósforo: Cualquier cosa. Por Navidades la vestimos de Papá Noel con gorro y todo. Por Carnaval la disfrazamos de cualquier cosa, se la pinta de verde, se la pinta de muchas cosas. Y además le gusta, es que si no, no sale. Para salir a la calle, los días que está lloviendo, tiene que coger el chubasquerito. Todo esto es cosa de mi mujer porque la ha criado ella. Aparte es un suplicio. Yo le digo a la perra muchas veces, que parece que me entiende: «Anda, que con la cantidad de gente que hay en el mundo que vive mal quién no querría vivir como tú aquí en casa.»

Carlos: Cuando ustedes están durmiendo en ningún momento la perra entiende: «Bueno, habrá que dejarles para que cohabiten», o en esos momentos ustedes la invitan a salir.

Fósforo: No, no. Es que no hay forma. Hay que hacerle un hueco en la cama y dejarla que observe la faena. Y además te da con la pata, porque ella quiere que le hagan carantoñas también.

Carlos: ¿Cómo se llama la perrita?

Fósforo: Se llama Kisi.

Susana

Fósforo: Le iba a comentar sobre un pequinés de mi tía que además de dormir con ella, como tantos otros oyentes han dicho, y tener sus muñecos y sus cuidados especiales, come con ella y además de comer con ella come exquisiteces como jamón 5 jotas y solomillitos.

Carlos: Y le gustan, claro.

Fósforo: Sí, sí, claro, es que es lo que come. Es que no le puedes dar otro jamón ni otra carne ni nada. Y duerme con ella. Al perro le entra el sueño y se va a la cama, su ama le abre las sábanas y luego se mete ella detrás.

Carlos: Y cuando usted se lo dice a su tía, ¿qué le contesta?

Fósforo: A mi tía no la puedes decir nada porque hace oídos sordos. Para ella es algo normal que el perrito tenga esas atenciones y nunca hace caso. Dice que ella hace con el perro lo que quiere. Que ella vive con su perro y su perro con ella.

Carlos: ¿Y el perro es un poquito maleducado o es encantador?

Fósforo: Un poquito no, muchísimo. Es muy maleducado. A mi hija de cuatro años incluso un día le mordió. Mi madre tuvo que estar una temporada en casa de mi tía atendiéndola y le traía frita porque día sí día no la enganchaba o la mordía o la gruñía continuamente...

Carlos: Y si su madre le daba una patada al perro se arriesgaba...

Fósforo: Pues ese es el tema, que un día se la dio y menos mal que mi tía no estaba. ¡Estaba del perro ya hasta el moño! A mí me parece muy fuerte.

José Ramón

Fósforo: Mi hermana tiene un cerdo. ¡No te lo pierdas! Por tema de trabajo se tuvo que marchar con el marido a Asturias y allí, en su cumpleaños, le regalaron un lechoncito pequeñito. Como tenía un poquito de terreno delante de la casa le dijeron que así lo cuidaba. ¡Joder, que el cerdo ha ido creciendo y hay que ver cómo tiene al cerdo! El cerdo es como un perro. Va a todas partes, le saca por todo el pueblo, se va a los bares, el cerdo va detrás de ella... Le ha duchado, lavado... El cerdo tiene tres años y ni que se nos ocurra hablar a alguno de la matanza del cerdo. Si hablamos de la matanza dice que más cerdos somos nosotros. Que el cerdo para matar, nada.

Carlos: Y el cerdo cuando grita, ese chillido del cerdo tan agradable...

Fósforo: El cerdo debe estar bastante bien educado. De todas formas, cuando le da por dar la lata, le tocas un poco en el morro y ya está. Ya chilla, pero el jodío de él ya sabe a quién tiene que ir.

Carlos: ¿Es pata negra o pata blanca?

Fósforo: No, es pata blanca. Es un cerdo normalillo. No entiendo mucho de cerdos pero vamos, es un cerdo normal. Se lo regalaron un día por hacerle la gracia y ¡joder con el cerdito! Hay que ver cómo está el cerdito, como un seiscientos.

Carlos: ¿Y le llevan con cadena?

Fósforo: No, no, el cerdito va suelto, majo. Y el cerdito no veas tú cómo está de lavado y de cuidado. Le compran patatas, se las cuecen, le echan de todo.

Rafael: ¿Y da la patita el cerdito?

Fósforo: La patita no pero deja por la parte de atrás unos trozos cojonudos. Pero a ella le da igual. Ella lo tiene limpio, lo cuida... El marido ya ni le dice nada porque ya te digo, cuando planteamos el tema de la matanza, ¡joder!

Itzíar

Fósforo: Mi hermana tiene un lorito angoleño de esos grises de cola roja. Es muy señorito, bebe Coca-Cola con cuchara, come petit-suisses y le encanta el vino. Cuando lo bebe dice: «¡Caruso borracho!»

Carlos: Y la cuchara, ¿no la cogerá él?

Fósforo: Sí, sí, sí, él la coge con la pata, que se lo hemos enseñado. Con la pata coge la cuchara, come el petit-suisse y se bebe la Coca-Cola, el vino... Pero lo más bueno es que mi cuñado está en un barco y él sabe cuándo va a venir mi cuñado.

Carlos: ¿Por qué?

Fósforo: Empieza a llamar a mi cuñado como un loco y a silbarle: «¡Faustito, pocos pelos!»

Carlos: Oiga, eso es para llevarle a un circo. Eso es para ganar dinero con el loro.

Fósforo: Y echa a la gente de casa.

Carlos: ¿Ah, sí?

Fósforo: Como le caigas mal, te empieza a insultar y te echa. Y llaman al timbre y mi hermana no está, pues el cabrón del loro, como imita la voz, dice: «Abrir» y la gente con un mosqueo venga a tocar el timbre y el loro: «Que vaaaaaa.»

Carlos: ¡Coño con el loro! ¿Y qué más habilidades tiene el loro?

Fósforo: Imita todas las voces, llama a todos los de la familia... Mira que tenemos nombres raros como Izaskun y todos esos. ¡Y es lepero!

Carlos: ¿Y qué?

Fósforo: Que el loro vive en Lepe. Y llama a la Izaskun y llama a todos.

Carlos: ¡Ah!, le tienen ustedes en Lepe. Claro, es el chascarrillo. ¿Y no cohabita con ninguna lora?

Fósforo: No, no cohabita. ¡Pues lo que le faltaba a Caruso, cohabitar con alguna lora!

Comuniones y bodas: ¡Vaya celebraciones!

Después de escuchar las historias ocurridas en las bodas y celebraciones a las que fueron Paco, Antonio o Ana, por fin comprendo por qué despiertan tanto interés y son analizadas minuciosamente las de la hija del presidente del Gobierno o la de Jesulín de Ubrique.

En las bodas normales a las que nuestros fósforos son invitados, las palomas se alivian intestinalmente en los espléndidos vestidos de los comensales o tratan de decapitarlos. Incluso un lechón terminó dando «pataítas» en un coro rociero.

• SU PRIMERA COMUNIÓN

Paco

F: Yo es que cuando tuve que tomar la comunión de chiquillo me entraron unas paperas. Claro, no pude tomarla. Y al año siguiente yo era mucho más grande que todos los comulgantes y le dije a mi madre que no la tomaba. Mi madre, por ahorrarse dinero, dijo que bien, que no la tomase. Llego a la mili, voy a Cartagena, cuartel de marinería, y nada más entrar allí te hacen unas preguntas. Una de ellas era: «¿Ha hecho usted la comunión?» Y digo: «Yo no.» Lo dejé pasar y a los tres o cuatro días me llaman y dicen: «Tienes que ir a catecismo.» Y digo: «¿Cómo que a catecismo?» Y me contestan: «Sí, para tomar la comunión.» Pues todas las tardes, en vez de ir a hacer nudos que se hacían allí en el cuartel de marinería o en el mar, yo iba a catecismo. Éramos cinco «comuniantes» y cinco catequistas. Nos juntábamos allí cinco tíos con veinte años y las preguntas eran ya... Pero nosotros lo aguantábamos por no ir al mar y a hacer nudos por ahí. Entonces llegamos a la confesión. Un tío de veinte años confesándose delante del páter del cuartel, pues imagínate. Tomamos la comunión vestidos de marineritos, como quería mi madre que la tomara, y pensaba que ya había acabado. No, no, después tuvimos el convite. Luego nos vamos a la cantina de marinería, la habían cerrado, todos los marineros cabreados y éramos cinco comuniantes y doscientos invitados. Con tu tarta, con tu plumier plateado de color marfil, la foto de rigor... ¡De maravilla!

C: Muy bonita la historia, ¿eh, Paco? Me parece extraordinaria.

F: Hombre, yo de la mili te puedo contar varias.

C: Es que es fascinante lo suyo.

F: Yo no quería tomarla, pero con tal de librarme de lo otro la tomé.

C: Además, la fiestecita que le organizaron los mandos vestido usted de marinerito de verdad... ¡qué surrealista!

F: Sí, sí, sí, tengo la foto aún. La tengo en casa, con todos los mandos.

C: ¿Y usted tenía también las manitas así juntitas, como rezando?

F: No, no, no. La foto fue al lado de la piscina, de pie todos.

• BODAS HORTERAS

Gonzalo

F: Yo estaba antes en la tuna y ver hemos visto de todo. Pero quizá la más escandalosa fue una que nada más llegar al restaurante soltaron media docena de palomas en vuelo rasante y todos los invitados agachados para evitar a los pobres animalitos. Por fin, nos situamos detrás de la mesa de los novios, empezamos a cantar y vienen los de la corbata con una botella para que no entraran las monedas, tenían que ser todo billetes. Llegan sus queridas amigas y dicen que las bragas de la novia. La muchacha saca unas braguitas del bolso pero tenían que ser las que llevaba puestas.

C: ¡Qué bonito!

F: Efectivamente, delante de todos nosotros, las bragas de la novia. La cosa se iba calentando cada vez más. De repente, aparecen tres gallinas por encima de la mesa de los novios. La gallina encima de la cabeza de la madrina y el de la bandurria dándole con el instrumento. El padre se enfada, quita las gallinas, seguimos con las canciones y salen los amigos del novio a mantear a la novia. Con la falda para arriba y dale que te pego para arriba y para abajo.

C: Sin bragas además, recuerden.

F: Empiezan a mantear al novio y de repente se oye: «¡Pum!» Un estacazo contra el techo, descalabrado. No te digo más que ni pasamos pandereta ni nada. A raíz de aquello dijimos: «Vámonos, que los siguientes somos nosotros.»

C: ¿Dónde era la boda, Gonzalo?

F: En un pueblo de Cuenca.

Ignacio

F: Yo soy otro tuno que ha salido escarmentado de muchas bodas. Me ha pasado de todo. Desde estar esperando en la puerta para que los novios entraran en un Audi tremendo, ver cómo se abre la puerta y el Audi pasa por el medio del salón, se pone detrás de la mesa de los novios, se bajan los novios y cenan con el Audi detrás. Esa fue una. Otra que no se nos olvidará fue en una boda que estábamos cantando con las bandurrias, se apaga la luz, empieza a sonar *the final count down* y empiezan a salir todos los camareros (este era un sitio de macrobodas, era una boda de dos mil personas) con antorchas, que era la tarta con antorcha incorporada también. Todo apagado, la música no se podía oír nada y nosotros con las bandurrias totalmente apagadas, temblaban y todo del ruido que hacía.

C: ¡Qué bonito lo de las antorchas!

F: Sí, por suerte no se prendió nadie.

Ana

F: Estuve en una boda. Mi marido estrenó un traje y yo otro. Estando en la boda echan unas palomas a volar y viene la paloma y me caga en el vestido. Yo quería irme y mi marido: «¡No, déjalo, déjalo!» Total, que no nos vamos. La horterada de la corbata igual. Empiezan a cortarle la corbata y pasan la bandeja. Luego había otra pareja al lado y llega la paloma a cagarse en su café. Así que nos dieron la boda. También querían quitarle a la novia las bragas y allí dije que no iba a ir más a una boda porque aquel día pasé la vergüenza más grande de mi vida.

C: ¿Y cómo soltaron las palomas, desde qué sitio?

F: Entran los novios y le cantan la canción de la marcha nupcial. Cuando ya habían entrado los novios, se sientan, apagaron un poquitín la luz y la sorpresa: salen cuatro o cinco palomas volando por encima de toda la gente. Y la gente agachándose creyendo que las palomas les iban a dar.

Antonio

F: Hace cinco años que me casé y tengo un amigo que es un poco cachondo mental. Tiene una granja de cochinos y me cogió una lechoncita con mes y medio y la dejaron sin comer tres o cuatro días para llevarla a la boda. En la boda la vistieron de gitana, le pusieron su rosa detrás de la oreja, la soltaron allí y lió la de Dios. Comió tarta, se fumó un puro... La cochina soltando todo lo que tenía que soltar por su culito después de haberse comido todo.

C: ¿Y no había manera de coger a la cochina?

F: Sí, la cogieron después y la metieron en un canastito. A mí me vistieron de ciclista en mitad de la boda y me ataron la cochina.

C: ¡Qué boda más agradable tuvo usted!

F: ¿Eh?

C: A los invitados les encantaría, me imagino.

F: Los invitados lo pasaron de puta madre. Se pusieron de comer lentejitas con su morcilla, lacón...

C: Qué buena idea la de vestir un lechoncito.

Naranjo: Ahora está en el coro rociero del pueblo.

El hogar, uniformado

Han pasado cinco años y aún recuerdo ese matrimonio anciano que estuvo escuchando el mismo bolero durante todo un mes: su hijo marchó de vacaciones y ellos no sabían apagar el aparato de música. Después de escuchar esa historia, creía que resultaba insuperable. Pues no: hay quienes viven auténticas odiseas a la hora de utilizar un electrodoméstico. Manoli sigue sufriendo, desde hace veinticinco años, las descargas eléctricas de su molinillo de café; Fernando no ha convencido aún a sus amigos de que ha visitado medio mundo y ello es porque la cámara de fotos, su único testigo, le hace un corte de mangas cada vez que posa.

Pero quizá pueda tomar nota de la experiencia de Juan: confundió unas cintas de vídeo entre sí y administró a sus sobrinos, en lugar de una plácida película de dibujos animados, todo un recital de cine porno. No es de extrañar que su sobrino mayor le pida cada día «más peliculitas de dibujos».

• Decoración de interiores

Francisco

F: Lo mejor de las casas éstas son las que te van surgiendo las cosas poco a poco. Eso de entrar en una casa y encontrarte ya para colgar las llaves con la fotografía del pueblo, de esa cartulina que es como las postales... Luego, conforme vas entrando, en el pasillo te encuentras la paellera con el tenedor y la cuchara cruzada: «Recuerdo de Cullera.»

Y ya cuando entras al salón y ves encima del televisor la foto del hijo militar de hace treinta años con la folclórica al lado y la muñeca militar... ¡Vamos, eso ya es tremendo!

C: Es fantástico eso, ¿verdad?

F: Eso es fantástico.

C: No me acordaba yo, verdad, Francisco, la paellera con la cuchara cruzada.

F: ¡Hombre!, además, le falta media docena de granos que se le han caído ya.

Daniel

F: Mi mujer es muy amante de la decoración. Estuvimos siete años casados y no teníamos niños y fuimos a Italia, a Venecia... y ella muy amante siempre de traer un recuerdo de cada sitio. En Venecia le debió de hacer mucha ilusión la góndola y compramos una góndola enorme que tenía música, ¡era fabulosa!; aquella góndola era de las pocas que había allí, valía un capital. Lo curioso es que íbamos en motocicleta grande y me costó muchísimo trabajo apretar el equipaje por no romper la góndola. Solamente se rompió la vara del gondolero. Pero bueno, tanta ilusión le hizo y tan bien veníamos de contentos que la puso encima de la tele. Hasta que un día, ella presume mucho de decoración, compra todas las revistas, evidentemente, pero todas, absolutamente todas, y bueno, todo lo tiene siempre con un poco de gusto, dice ella... pero aquel día estaban dando unos consejos para la buena decoración, lo que se tendría que evitar y el mal gusto dónde estaba y pusieron como ejemplo que lo de poner la góndola encima de la televisión era lo más nefasto que se podía hacer en decoración. Desde entonces agarramos tal cabreo que la góndola ya no la he vuelto a ver más por la casa. ¡Era una góndola espectacular, vamos!

C: Pero, ¿y cómo trajo usted una góndola en moto desde Italia?

F: Fue increíble porque teníamos que ponerle cajas para poder apretarlo. Nosotros viajamos mucho. También estuvimos en Turquía y trajimos veinticinco kilos de «kilins» con dos alforjas. Nos engañaron porque los «kilins» yo creo que los ponían en la puerta de la tienda para que los pisaran los guiris y cuando nos los trajimos nosotros nos los cobraron bien caros.

C: Pero eso en una moto, ¿es un poquito incómodo, no?

F: Pues sí, pero estamos muy acostumbrados a viajar en moto. Era una motocicleta muy grande y estábamos acostumbrados. Llevábamos buen equipo y lo hacíamos con frecuencia.

C: ¿Y qué otra joya tiene su señora en casa?

F: La Torre Eiffel. Tenemos de todo. Nos hemos movido mucho por Europa, y de todas las ciudades tenemos lo más representativo. Aquí, hasta ahora, los oyentes siempre critican al amigo, al vecino, y en este caso digo: «Hombre, voy a llamar yo para criticarme a mí mismo.»

C: Tiene usted la Torre Eiffel. ¿Y cómo es la Torre Eiffel que tiene?

F: No, es que no sólo tenemos una. Tenemos varias porque siempre compraba y se iba superando. Decía: «Ésta es más bonita todavía y más dorada.» Y entonces hay de todas formas. Y sobre todo en moto. Todos estos viajes los hemos hecho siempre en moto.

C: ¡Qué maravilla!, ¡qué maravilla, Daniel!

F: Pensó en poner una vitrina para todas estas cosas de recuerdos, lo que pasa es que ya no llegó la cosa a tanto porque parece ser que eso ya en decoración no queda bien y lo hemos olvidado.

Manuel

F: Qué tal, ¿cómo estás, Carlos?

C: Muy bien, muy bien. Echando un día muy bueno.

F: Me alegro de oírte, a ti y a Naranjo.

C: Gracias. ¿A los demás no?

F: A los demás es que no les conozco. Yo es que soy Manolo, del Dúo Sacapuntas.

C: ¡Hombre, Manolo! Cuánto me alegro de saludarte, hijo, ¡qué alegría más grande!

F: Por eso os saludo a los dos. A todos los demás también pero a vosotros porque os conozco personalmente.

C: Muchas gracias, Manolo. Cuéntanos, cuéntanos... ¿tú habrás conocido maravillas por ahí?

F: Sí, pero es que tengo una anécdota que te quería contar porque te oigo todas las tardes que puedo. Es una anécdota que me ocurrió en la casa de un amigo mío de Madrid. Yo estuve un tiempo trabajando ahí en Madrid, en *Renfe,* y este hombre me invitaba mucho a su casa a dormir. Era un manitas y en la cabecera de la cama tenía, tú imagínate, como un armario empotrado y con un cristal por delante y dentro había luces y muchos pájaros, pero pájaros disecados, con arbolitos, con ramas, con todo eso... Era una habitación interior y para que diera la sensación de que estaba en el campo había puesto allí unas cosas muy raras, con luces que se iban iluminando... ¡Aquello era la hostia de bonito! Aquello era el despertador.

C: ¿Ah, sí?

F: Él lo ponía, por ejemplo, se tenía que ir a trabajar a las siete de la mañana a *Renfe.* A las seis menos cuarto o por ahí lo ponía en hora y entonces empezaban los pajaritos; en vez de sonar la alarma del despertador, sonaban los pajaritos cantando.

C: Pero así, pío, pío, pío.

F: Sí, sí, sí. Uno pío pío; otro pío pío más grave... Allí había por lo menos diez o doce pájaros en las ramas y aquello era digno de ver.

C: Bueno, qué cosa más maravillosa; ¿cuando encontraba alguna muchacha y se la llevaba y pasaba la noche la muchacha...?

F: No, no, el problema es que me invitó a mí. Yo no sabía de qué iba el tema. Se oía la radio también, pero bueno, cuando él se iba a despertar por la mañana tenía su volumen y entonces los pájaros sonaban. Y me invitó a su casa porque yo estaba allí solo. Total, que yo me quedé allí y yo no sabía de qué iba la película. Yo me duermo y a las seis menos cuarto, se supone que le habría dado mucho volumen a aquello, empezaron los pájaros a sonar. Yo no sabía del tema y me pegó un susto de la hostia.

• Los electrodomésticos, aparatos endemoniados

Rosario

F: Yo no soy muy experta tampoco pero mi madre, cuando le pusieron el contestador de Telefónica, salía la operadora: «Para salir, marque el cero.» Mira, cada vez que se iba a la calle marcaba el cero.

C: ¡No puede ser!

F: Sí, es verdad. Y un día se salió y no lo marcó y volvió: «¡Ay, que no he marcado el cero!» Eso es verídico. Y de esas tengo montones, lo que pasa es que ahora no me acuerdo.

C: Es decir, que su madre con los electrodomésticos se lleva relativamente mal.

F: No, casi con el teléfono. Con los electrodomésticos lo lleva medio bien pero el teléfono... Y otra señora de aquí vecina, también con el teléfono cuando la operadora esa, llamó a su hijo y dice: «Mira, Paco, que he llamado a tu casa y me ha dicho una mujer que no estabas. ¿Esa mujer quién es?»

C: ¡Qué cosa más bonita!

Juan

F: Los vídeos y yo estamos regañados. Vamos, nos insultamos, nos pegamos, nos hacemos de todo. Me compré un piso de segunda mano y yo no sé si mi vecino, que era muy salido, recibía películas porno en casa. Recibí una película que era a nombre de mi vecino. Dije: «Yo la película esta la voy a utilizar, voy a grabar encima.» Estaban echando películas de niños y dije se la voy a grabar a los niños y cuando se junten en algún cumpleaños se la pongo. Cogí el mando a distancia porque era un vídeo de estos que se hacía todo con el mando a distancia, empecé a programar y a programar y metí la película porno para que se grabase la película de dibujos animados. Al par de semanas celebramos un cumpleaños en casa y dije: «Para que estén los niños callados y tranquilos y que nos dejen tranquilos a los mayores les voy a poner la película de dibujos animados.» Estábamos los mayores hablando, charlando, y yo pensaba: «¡Los niños qué callados están!» Yo pasaba por el cuarto de estar donde estaban los niños y los veía a todos quietos mirando la televisión. Y yo decía: «¡Joder, qué callados están!» Y yo iba a la cocina y entraba y salía. Y una de las veces que salí vi a un sobrino que entonces tenía doce años, con la boca abierta y señalando al televisor. Digo: «¿Qué estarán viendo estos niños?» Cuando ya me puse a mirar al televisor, ¡Dios mío de mi vida! Allí se veía de todo menos dibujos animados.

Naranjo: Y se sentó usted con los niños, ¿verdad?

F: No, no, no. A mí una se me iba y otra se me venía. Y menos mal que eran los niños pequeños, que el mayor tenía doce años, que si llegan a ser mayores, yo no sé qué hubiese pasado. Y claro, el sobrinillo de doce años cuando llamaba por teléfono decía: «¡Tío, que voy a ir a casa! ¿Me pones una película de dibujos?»

Inma

F: Tengo una amiga licenciada en Farmacia, para más señas, que para apagar el vídeo, y os prometo que es verdad, baja la palanca de los plomos. No sabe cuál es el stop. Se levanta, apaga los plomos y se queda tan fresca. Y después, el otro polo opuesto es mi cuñada, y está enganchada a *Betty la Fea*, no se pierde un capítulo. Un día está viendo el capítulo y se va la luz. Dice: «Niña, sube la palanca.» Sube la palanca y al minuto vuelve a irse la luz. Dice: «¡Niña, sube la palanca pero mantenla bien fuerte para que no se baje!» Claro, quemó toda la instalación eléctrica.

C: Pero, dígame una cosa, Inma, cuando quita los plomos también se va el congelador, ¿no?

F: Hombre, ¡se va todo, claro! Pero ella se queda tan tranquila porque ya ha apagado el vídeo.

Rosario

F: Yo el problema lo tengo con un equipo de música. No sabemos por qué razón vivimos con «los otros» en mi casa porque todas las madrugadas, a eso de las cuatro de la mañana, como se nos haya olvidado desenchufarlo... Imaginaos lo que es una casa de tres plantas, nueva, los niños están muertos de miedo y no se quieren mover de la casa. Llegan las cuatro de la mañana, empieza a sonar Raimundo Amador y son y treinta y cinco y a ver quién baja a apagar el equipo de música, porque todos pensamos que aquello es un vampiro o es un monstruo que está en el salón. Bueno, pues eso es todos los días, todos los días, todos los días. Cuando se nos olvida desenchufarlo nos pasa.

C: ¿Y a qué lo achaca usted?

F: A que uno de los niños ha programado algo y ahora no sabemos cómo se quita. Eso es seguro. Eso se programa.

C: Y qué es lo que se conecta, ¿la radio o el *compact disc*?

F: Se conecta... No sabemos, Raimundo Amador.

C: ¿Y alguna más?, porque claro, en una casa en la que pasa eso tienen que pasar más cosas.

F: En mi casa lo que nos pasó muy divertido con un microondas, que yo también considero que son infernales, es que nos compramos un microondas digital modernísimo. Llegamos a la casa con un niño chiquito de tres meses y otro de dos años y cargando con un microondas que pesaba aquello como veinticinco kilos. Lo instalamos en la cocina y aquello que no arranca, que no arranca, que no funciona. Vamos a coger a los niños, vuelve a abrigar a los niños, vuelve a coger el carrito, vuelve a coger el microondas, vuélvete al Makro, aguántate la cola, vuelve a cambiar el bicho... Llegamos a casa y otra vez que no funciona. Y me llega mi hijo con dos años y me lo pone en marcha. ¡Y no le pasaba nada! Lo que pasa es que había que poner el reloj antes de enchufarlo.

Eva

F: Yo no tengo problemas con los aparatos. Yo con la lavadora estupendo, con el horno estupendo, al vídeo no me arrimo, nos miramos mutuamente pero no me he arrimado jamás y no me arrimaré. El problema es con el ordenador de mis hijos. Ellos están todo el día escuchando música, yo les veo y digo: «¡Oye! ¿Yo también podría escuchar música por aquí?» Dice: «Pues claro. Le das a la palanca, mete el *compact...*» Bueno, yo tenía un disco de Andrea Bocelli de hacía mucho tiempo que me gustaba. Lo meto, lo escucho, se termina, saco el *compact,* le doy la vuelta, lo meto y aquello pone: «Disco vacío.» Digo: «¡Ya me he cargado el ordenador! Bueno, pues lo apago, me voy, y cuando vengan del colegio me callo, no digo nada y espero a ver qué pasa.» Llegan del colegio, ponen la música, nada, estupendamente. Y yo al día siguiente vuelvo otra vez con el disco, lo escucho, le doy la vuelta y aquello a la vuelta no funcionaba. Y ya digo: «Oye, ¿por qué vosotros podéis escuchar la música y yo no?» Y dicen: «¿Cómo que no?» Digo: «Sí, se acaba una cara, le doy la vuelta y no se escucha». Y dice: «¡Mamá, si lo cuentas en algún sitio nosotros negaremos que eres nuestra madre!» Yo no sé si eso es muy peligroso o no, pero me he tirado una semana con el *compact* dándole vueltas y eso no funcionaba.

C: Es que el *compact* sólo lleva grabación por un lado.

F: De eso me enteré yo después. Los discos de antes, los de siempre, les dabas la vuelta, una cara, la otra cara y estupendo. Y estos no hay manera. ¡Hombre!, ya he descubierto que no se puede dar la vuelta pero no lo entiendo, ¿eh? No entiendo por qué por el otro lado no lo puedo escuchar.

C: ¿Y por qué con el vídeo no lo ha intentado?

F: ¡Ah!, no, no, no me arrimo, no. Eso es algo que yo soy negada para ese tipo de aparatos. Encima de la mesa del comedor hay un caja con un montón de mandos a distancia. Yo solamente utilizo el de encender y apagar la televisión.

Fernando

F: Con los electrodomésticos, con el único que me llevo realmente mal es con el vídeo, porque siempre eso de que te corten el último cuarto de hora de la película, como que al final no lo utilizas. Pero lo que realmente me va mal es con la cámara de fotos.

C: ¿Ah, sí?

F: Sí, porque voy a Kenia, estoy haciendo las fotos a los leones y luego resulta que no hay carrete. Voy a Perú, estoy en el Titicaca y se vela el carrete. Estoy en Iguazú y no hay pilas. Vengo de Marruecos, todo va bien y cuando entrego el carrete en la tienda resulta que se han velado. En el camino de Santiago ya no la saqué de la mochila porque sabía lo que me iba a pasar.

C: Pero porque es usted un poco torpe con la máquina o tiene mala suerte; ¿a qué lo achaca?

F: No, es una máquina muy buena y al ser tan buena tiene muchas cosas. En Austria resulta que había poca luz, entonces todas las fotos salían mal porque necesitaba flash. ¡Es complicadísimo lo de la cámara de fotos cuando es un poco buena y no es automática!

C: ¿Y ha pensado usted en la cámara digital?

F: No. Precisamente me han intentado regalar una cámara de vídeo. De vídeo no la quiero y digital tiene más teclas, entonces no quiero. Al final he decidido traer el recuerdo en mi cabeza.

C: El paseo suyo por el Kilimanjaro, Iguazú, Austria... todo eso, ¿no tiene usted testimonio gráfico?

F: No, la gente no se lo cree.

Manoli

F: Yo para difícil y asqueroso, un molinillo que tengo de café. Es lo más asqueroso que te puedes echar a la cara.

C: ¿Pero por qué?

F: Yo soy muy cafetera, la verdad como es; además, me gusta un café que viene en grano y tengo que molerlo. Llevo veinticinco años con un molinillo que todavía no nos hemos entendido ni él ni yo. Mira, le pongo el café, le doy al botón, me da calambre. Le paso el molinillo a otro, le da y me lo muele. ¡Cada vez que lo toco me da calambre! ¡Asqueroso!, no veas. Estamos en una lucha. Digo: «¡A ver quién aguanta más! ¡Si te rompes, te tiro!» Como no se rompe, no lo tiro.

C: ¿Y lleva usted veinticinco años con el mismo?

F: Sí, ahí está. Ya no me acuerdo ni qué marca es porque se le ha borrado. Así que asqueroso.

C: ¿Y ha pensado usted en la posibilidad de comprarse otro?

F: Como le dejo para jubilar si el pobre funciona... Mal pero funciona.

C: ¿Y por qué parte le da calambre?

F: ¡Coño, por el botón!

• YA LO ARREGLO YO

Inma

F: Voy a ver el salón de una casa que estábamos haciendo y veo un agujero enorme. Le digo al de la obra: «¿Y esto qué es?» Y me contesta: «Es la toma de la lavadora.» Y le digo: «¿Es que se ponen ahora las lavadoras en el salón?» Y me responde: «Es que es donde más espacio tiene usted.» Después, para el riego en el patio me pusieron un grifo y veo que sale el agua caliente. Como estaba en un sitio cálido pensé: «Bueno, será que le da el sol.» No, es que el grifo de regar las plantas era de agua caliente. Y la última, la bañera estaba puesta al revés; en un lado caía el agua de la ducha y el desagüe estaba al lado contrario. Le digo: «¡Esta bañera está al revés!» Y contesta: «No, es para que mientras se duche usted vea cuándo deja de salir mugre.»

El cuerpo del delito

Cuando iba a ser padre me dijo un buen amigo que en el mismo instante que tuviera a mi hijo en brazos se me iba a abrir un hueco en el pecho del que nunca me desprendería. ¡¡¡Ay los hijos!!! , ¡¡¡Ay las modas!!!... ¡¡¡ Joder con los *piercings*!!! Aquí van a encontrar varias historias de madres sufridoras capaces de negociar el desarme nuclear en Irak con tal de que sus hijos dejen de parecer la estantería de una ferretería. Hay a quienes el escroto les cascabelea como el cuello de un gato y hay a quien se le desaparece todo deseo al descubrir en los previos al acto que, en vez del exuberante cuerpo de Claudia o Naomí, dan con una chatarrería.

• AGUJEREARSE O MORIR

Amparo

F: Pues mira, hijo, que tengo un niño con dieciséis años y me dice una tarde: «Mamá, me voy a poner el *pins.*» Y digo: «Pues si te pones el *pins* tú en casa no duermes.» Dice: «Bueno, pues me voy a ponerme el *pins* y a encontrar sitio para dormir.» Nos vamos de cena su padre y yo, que teníamos un compromiso, y cuando venimos a las doce dice su padre: «Sube tú primera a ver si se ha acostado.» Subo y digo: «Sí, sí que se ha acostado.» Mira, por la mañana aquel con la lengua como una alpargata. ¡Ah!, te digo, soy Amparo, de Elda. Que no he dicho de dónde era.

C: ¡Ah! Bien, bien. Y dígame una cosa, ¿dónde se había colocado la chincheta?

F: Pues en la lengua. Pero es que yo me levanté con un labio también... Se ve que toda la noche dando vueltas y pensando: «Y este niño con esa lengua cuando todo el mundo lo vea, ¡qué vergüenza, Dios mío!» Mira, yo estuve toda la semana malísima. No le hablé en toda la semana, él comía como podía, aquello no me lo enseñaba... En fin, de locura.

C: ¿Y qué es lo más incómodo de tenerlo en la lengua? ¿Se lo ha confesado él?

F: Hace como cuatro meses y no hemos hablado para nada del *pins*, para nada. Porque es que a la semana le dije: «Te cambio el *pins* por una moto.»

C: ¿Y qué dijo?

F: Dice: «Eso es chantaje.» Y digo: «Uy, no lo dudes, eso es chantaje.» Y otro día viene y dice: «Que me lo he pensado y quiero que me compres la moto, y me quito el *pins.*» Fue su padre a comprarle la moto y viene el niño llorando y el padre con un leche cagándose en el más allá. Y digo: «¿Qué os pasa ahora?» «Que no quiere una Vespa como yo quería comprarle, que quiere una moto de esas que van agachados.» Me lo llevo así un poco a un ladito y digo: «Si tú fueras joven, ¿cuál te gustaría?» Dice: «A mí me gustaría la que él quiere.» Y digo: «Pues ve y cómprasela.» Arreglan los papeles y a los dos días el niño con la moto.

C: ¿Y el *piercing?*

F: ¡Cállate!, llegan las ocho de la noche: «¡Mamá, baja, que te enseñe la moto!» Bajo y le digo: «Lo primero la lengua.» Se había quitado el *pins* y más contentos ya los dos...

C: Hay que ver, hay que ver, hay que ver... ¿y era muy grande, era una bola de acero?

F: Pues no se la he visto, Carlos.

Juan

F: Yo soy taxista y sabes que tenemos un poquito de libertad por aquello de que estamos en el taxi, y un día conocí a una chica que venía de Madrid y llegó a Algeciras. La veía con buenas hechuras pero venga a pasear de aquí para allá hasta que le digo: «Oye, qué tal, dónde vives, dónde duermes...» Dice: «He venido aquí porque me he colado en el tren...» Vi que tenía las dos orejas llenas de hierros y le digo: «Y tú, ¿dónde vas a pasar la noche?» Y dice: «No sé.» Y como yo estoy soltero le digo: «Bueno, si quieres la puedes pasar conmigo.» Y dice: «Pues venga, vamos.» Nos vamos a comer, luego nos vamos a una pensión y empieza a desnudarse. Tenía *piercings* en los dos pezones, en el ombligo, en las partes hondas... Y digo: «A ti hay que llevarte a una chatarrería en vez de a la cama.»

C: ¿Y cómo fue el encuentro, el restriegue?

F: No, no hubo refriegue porque ya con tanto hierro digo: «Yo me voy a herir aquí, no, déjalo.»

Mari

F: Tenemos un amigo, Manolo, y tenía un gato con un cascabelito y a él le excitaba mucho lo del cascabel. Se decidió a ponerse dos *piercings* en los testículos, uno en cada uno, y se colgó un cascabelito en cada arito. Eso le excitaba tremendamente pero su novia le decía: «¡Que no se oyen los cascabelitos, que no se oyen los cascabelitos!» Total, que ha terminado por quitarse los cascabeles porque dice que eso era muchísimo trabajo.

C: Claro, estar todo el día moviendo el escroto...

F: Era demasiado cascabel.

C: Para que sonara el cascabel, sí es un poco...

F: Pues claro, a ella le gustaba que sonara el cascabel...

• NOS VAMOS DE CARNAVAL

Ana

F: Yo es que soy cirujano; entonces, hace unos cinco años tenía guardia pero esa noche se la cambié a un compañero y no se me ocurrió otra cosa más que disfrazarme de Caperucita Roja. Estábamos en una fiesta en el hotel Palace y a las cinco de la mañana nos llaman que había una urgencia para un trasplante de riñón a un niño de ocho años. Si tú me ves a mí entrar en el hospital, en el Doce de Octubre, vestida de Caperucita Roja diciéndole a los padres la operación que iba a ser, los pro, los contra, que había rechazo... La madre me miraba con una cara de alucinada que no te lo puedes ni imaginar, Carlos, no te lo puedes ni imaginar. Bueno, pues yo entré al quirófano vestida de Caperucita Roja y así tuve que operar al niño. Bueno, me pude quitar la peluca, que era horrorosa, amarilla con unas trenzas, bueno, horrible, horrible, toda maquillada, espantosa... Pues cuando salí, que la operación fue larguísima, todo salió perfectamente y ya hablo con los padres y me dice el padre: «Muchísimas gracias, pero lo único que le pido por favor es que cuando usted suba a ver al niño siga vestida de Caperucita Roja.»

Las estaciones más movidas del año

Los villancicos más tradicionales han sido ya versionados, sin ningún tipo de pudor, por uno de nuestros fósforos más recordados. El «ay del chiquirritín» o «hacia Belén va una burra, rin, rin» han subido a los primeros puestos en la lista de las más cantadas, gracias, claro está, a Juan Carlos y su «fdenillio». Piezas que Ramón se pierde ya que su cuñado ricachón se empeña en bajar a los treinta comensales a la calle para ver las morisquetas que hace su coche nuevo. Pero no sólo los temas de Navidad han marcado nuestra historia. Estén atentos al novedoso termómetro que le pusieron en la frente a un militar malherido, tras sufrir un accidente en una playa nudista.

- La Navidad: esa «divina» época de invierno

Juan Carlos

F: La Navidad me gusta mucho, lo que pasa es que cuando nos reunimos los amigos el día de Nochebuena pues todos los amigos están interesados en que yo cante tres villancicos. ¿El motivo?, porque tengo frenillo. No sé por qué coincide que quieren que cante «agge boggiquito agge buggo agge», «hacia Belén va una bugga gging gging» y «¡ay del chiquiggitín, chiquiggitín!». Así que con eso digo todo.

C: ¡Hay que ver la mala idea que tienen!

F: Para nada he tenido nunca complejos pero es curioso. De unos años para acá quedamos unos amigos en casa de un íntimo amigo nuestro y en cuanto llegamos todo el mundo: «¡Venga, los villancicos!» Y digo: «Ya sé por dónde vais.» Y venga: «Yo me remendaba, chiquiggitín, agge boggiquito...» No veas, parece que me he tragado una Derbi Variant.

C: Pero vamos a ver, Juan Carlos. Y usted entra al trapo sin problema, ¿no?

F: Sin problema.

C: ¿Cuál es el que más le gusta, el que mejor se le da?

F: Yo creo que ya lo he superado. Los tres.

C: ¿Y canta usted bien además?

F: No, no, canto normal. Me gustaría cantar pero no, no tengo tampoco una voz prodigiosa. Pero lo que es con la erre, vamos. Lo que me faltaba que me llevaran a Gadio Gocío Güeda Gato.

Ramón

F: ¡Por fin ha sonado mi móvil! Me lo han regalado y nadie me llama.

C: No me diga.

F: Es que yo no quiero el móvil pero se ve que lo lleva todo el mundo y van y te regalan un móvil.

C: ¿Y quién le ha regalado el móvil, Ramón?

F: ¡Quién va a ser, quién va a ser! La que hasta ahora manda en casa, ¿me comprende? Mi señora.

C: ¿Para tenerle localizado tal vez?

F: No lo sé, no lo sé. Si yo soy canela, yo vuelvo temprano. Bueno, a la hora que llega todo el mundo. Pero tengo otro problema: tres mil pesetas de regalo que trae la tarjeta, ¿y a quién llamo?

C: También es verdad. Bueno, guárdelas porque eso no se gasta.

F: La Navidad en casa de mi suegra. Imagínese una familia de cuatro varones y cuatro mujeres. Está el cuñado rico que llega todos los años con coche y sale fuera a las diez y media u once de la noche a enseñarte el coche. Tienes que ir, ¿no?, porque no vas a meter la pata. Ves el coche precioso porque ya te digo, un coche de estos de alto *standing* tienes que ir a verlo. Todo el mundo para dentro, los niños... unos treinta o por ahí. Están los dos que no beben nunca, sólo en Navidad. Once y media o por ahí y ya empezamos a meter la pata. Sí, de diez a once y media; en una hora y media se lo beben todo. Después está la comida. Hay una cuñada en Madrid y otra en Málaga y se ven que comen *sándwiches* porque cuando llegamos a esos días se lo comen todo, Carlos, todo. O sea, ¿qué es todo? ¡Todo! Se lo beben y se lo comen todo pero, cómo te diría yo, en cantidades industriales. Total, que pasamos una noche de escándalo. Tenemos costumbre de comer pava, pavita. Pues nada, ésta dice poularda. Dice: «A mí no me gusta la poularda, hombre. Es que no me gusta. Yo ya la he probado. Yo he estado en Madrid y no me gusta la poularda.» «Pues el año que viene poularda.» Pues nunca hacemos poularda, gracias a Dios.

C: Nunca.

F: No, nunca. Respeto esa costumbre, pero no la tenemos. Pues nada, poularda a la fuerza. Nosotros comemos pavo, el puchero, nuestro caldo, nuestro consomé de pavo y después lo que se encarta. Y no cantan.

C: ¿Cómo que no cantan?

F: No saben.

C: ¿Cómo que no saben?

F: No saben cantar. Cantan tres veces lo mismo durante toda la noche. Porque a la una se ha olvidado un detalle del coche que hay que volverlo a ver. Estos coches que traen de todo algo se olvida, que el asiento es reclinable pero solamente para el de atrás a la izquierda. «Vamos a ir a verlo.» Y veinticinco personas a la calle. Y gracias a Dios existe la misa del Gallo porque nos despistamos.

C: ¿Qué es lo que cantan normalmente?

F: No saben, no saben. «Hacia Belén va una burra ring ring», ya está. Algunos están fuera y no tendrán costumbre de cantar. No lo sé. En fin, esa noche hay que pasarla. Empezamos muy bien. Una cantidad de besos dos veces al mismo porque claro, somos muchos. Sí, ustedes se ríen, pero la noche la paso yo.

Carlos

F: Yo no me llamo Carlos. Además, tengo un caramelo en la boca para que no me conozca la voz mi suegro. Yo la Navidad no la odio, tampoco quiero decir que odie la Nochebuena pero vamos, yo la que paso mal es la cena de Nochebuena.

C: ¿Por qué, Carlos?

F: Os voy a decir una cosa: yo no sé el tiempo que voy a estar hablando con vosotros, un minuto, dos, treinta segundos, cincuenta segundos... Os puedo decir que lo que voy a hablar con vosotros es más de lo que he hablado con mi suegro durante quince años que llevo con mi mujer.

C: ¿Y eso por qué?

F: Porque es un hombre que no habla, no habla. Se fija mucho y te mira mucho, pero no habla. ¿Te imaginas la situación? Llegas a cenar a su casa en Nochebuena y claro, ahora ya tenemos un niño y es otra cosa; el niño desvía la atención, pero antes estábamos solos. Se meten mi mujer y mi suegra a la cocina y nos quedamos los dos solos en el cuarto de estar. Te pones a mirar la tele y por el rabillo de ojo le ves que te está mirando. ¡Y no dice ni palabra! ¡Nada, no dice nada!

C: ¿Y cuándo usted saca un tema de conversación?

F: «Um, ba, ba, uam, ua.» Eso es lo que dice, no dice nada más.

C: Es un hombre parco de expresión pero lleno de buenos sentimientos.

F: Sí, es un tío estupendo, estupendísimo. Lo que pasa es que no habla, no habla. Es una situación superextraña porque te sientes observado. Y yo digo: «¡Si no me conocerá ya que llevo quince años subiendo la misma noche!» Y sigue igual. Y ahora con el niño ya es distinto. Además, lo que hablabas ayer con Josemi de lo del palillo, que termina de cenar y se pone el palillo en la boca y parece que te está perdonando la vida.

C: ¿Y no son ustedes más familia? Son ustedes cuatro nada más.

F: Somos los abuelos, mi mujer, yo y el niño, que ya tenemos un crío de once años. Pero antes de que naciese el niño aquello era un vía crucis para mí.

C: ¿Y tampoco canta villancicos su suegro?

F: Pero si no te digo que lo que habla es: «Um, uh, um.» ¿Cómo va a cantar villancicos? No canta. Yo cuando le conocí le dije a mi mujer: «Oye, niña, ¿tu padre es español?»

• EL VERANO YA LLEGÓ Y CON ÉL LAS PLAYAS NUDISTAS

Gabriel

F: Te llamo desde Cantabria. Aquí hay una playa muy bonita que se llama la playa de la Arena y está en Isla. Es una playa nudista. Es mixta, hay un poco de todo. El verano pasado fuimos varios familiares a tomar el sol tranquilamente. Venían con nosotros también los niños y el padre de una de las niñas es militar, un teniente coronel muy serio. Se fue con la niña a dar un paseo, se quitó el bañador y andando por las rocas se cayó, tropezó y se hizo un avería en el pie. Primero apareció la niña llorando, corriendo: «¡Mi papá, que se ha caído!» Nos levantamos todos y fuimos hasta donde estaba él. El hombre apurado poniéndose el bañador para que no le viéramos. Le enganchamos, le llevamos y le pusimos en plano levantándole el pie. Se acercó el típico corrillo de gente, no había socorrista cerca. Y en el corrillo se asomó uno y se puso en la cabecera de él, de cuclillas, con la chismómetra colgando. Resulta que coincidió que se le quedaba en la frente. Nos quedamos todos mirándolo y yo pensando: «Coño, le está midiendo la temperatura o algo porque esto es muy raro.» El tío todo serio que es él, que es teniente coronel, y con el chisme en la frente quedó un poco duro.

C: Y el despertar del teniente coronel ¿cómo era? o estaba fijándose...

F: No, si el tío estaba despierto y estaba hipnotizado.

Isabel

F: Te llamo desde Cartagena y aquí hay un campo de nudistas que es «El Portud». Tenemos un amigo que estaba en el restaurante de camarero y generalmente vienen muchos alemanes y franceses pero ya mayorcitos. Las sillas del restaurante son de anea. Mira por dónde va un matrimonio de alemanes, iban cuatro creo, al hombre mayor, al tener que pagar y tener que levantarse, levantaba la silla. Se le había colado un testículo entre la silla de anea.

C: ¡Ay qué dolor! ¡Qué dolor más grande!

F: Y entonces la mujer se agachaba y le iba dando vueltas. Pero claro, aquello se iba inflamando más y el alemán nada más que decía: «Ay, ay, ay, ay.»

C: Pero en alemán, ¿no? Pero a quién se le ocurre con una silla de anea... Además, la marca le quedaría bien marcada, ¿no?

F: Pues yo no sé cómo se le quedaría, pero creo que eso fue un espectáculo de miedo que hasta aceite le tuvieron que echar para poderlo sacar.

El arte de comprar y regalar

Y digo yo... ¿para qué se celebran las bodas? Resultan carísimas, producen un terrible estrés, los novios no conocen a la mitad de los asistentes y a los invitados se les hace la puñeta al convidarlos, ya que se les fastidia un prometedor y relajante fin de semana tirados a la bartola. ¿Será por eso que hay regalos que están hechos con tan mala leche que provocan hasta el vómito? Porque eso es lo que le sucedió a José Antonio, que arrojó la comida que había deglutido en un prestigioso restaurante español al que había invitado a su querida esposa al ver la factura que superaba el millón de las antiguas pesetas. Dinero mejor invertido es el de José María y su mujer, que tienen varias enciclopedias inservibles para ellos: una sobre Egipto, de doce volúmenes, de la que tan sólo ha leído las primeras páginas y la de *El maravilloso mundo de las plantas,* inútil si se tiene en cuenta que no tienen ninguna en casa —bueno sí, dos de plástico.

- ¡QUÉ BONITO! (Y AHORA, ¿DÓNDE LO ESCONDO?)

Gonzalo

F: Cuando se casaron mis padres, les regalaron de Valladolid unos candelabros de aproximadamente medio metro cada uno, dorados y con cristalería. Al poco tiempo se casó la secretaria de mis padres y como los candelabros estaban siempre escondidos, se los regalamos. Quince años después se casó uno de la oficina y esos candelabros fueron a parar a otro de la oficina. Y cuando me casé yo, los de la oficina me los regalaron a mí. Al tiempo, en la empresa organizamos un campeonato de golf y dentro de los premios que había pusimos los candelabros y le tocaron a uno, y se los llevó. Cuál fue mi sorpresa cuando el año pasado, en el Rastrillo Nuevo Futuro, al acercarnos, vimos otra vez los candelabros. Esos candelabros yo creo que ya tienen valor porque pronto harán cincuenta años.

• ME HA COSTADO UN... Y PARTE DEL OTRO

José Antonio

F: Me fui a comer con mi mujer a un restaurante en Toledo bastante famoso y afamado y comimos lo normal: cochinillo asado, una sopita de ajo primero y tu postre. Bueno, pues a la hora de la factura, cuando pedí la cuenta, miré la factura y directamente vomité lo que había comido y me desmayé, porque me habían traído una factura de un millón seiscientas cincuenta mil pesetas.

Inmaculada

F: Un día fui a hacer la compra a un almacén. Al llegar a casa y mirar el tique veo que por dos latas de berberechos me cobraban tres mil trescientas cincuenta y nueve pesetas.

C: ¿Por dos latitas de berberechos?

F: Sí.

C: ¿Y eso cómo fue?

F: Volví allí al otro día y le digo: «Mire, ¿no se habrá equivocado?» «No, voy a llamar a un chico.» Llamó y dice: «No, no, está bien.» «Cómo va a estar bien...» «Sí, es que son de las rías gallegas.» Digo yo: «Bueno, pues si llegan a ser de las de Almería o por allá...»

• ¿ESTO QUÉ ES LO QUE ES?

José María

F: Todas las enciclopedias del mundo las tengo yo. Tengo Egipto, 12 tomos, que los puse en el escritorio y ahí están, cogiendo polvo de las momias. Después mi mujer me hizo comprar 14 fascículos de *Bienvenido al maravilloso mundo de las plantas,* y nosotros no tenemos ni una maceta. Me pongo a ver en una cadena unos anuncios a las tres de la mañana y veo el aparato de Chuck Norris. Me lo compro y aparte de que estuve cuatro horas para montar cuatro hierros, ahí lo tengo, que desde que me casé he engordado 14 kilos.

C: Pero vamos a ver, José María, ¿cómo llegó a sus manos la enciclopedia de la historia de Egipto?

F: Porque mi cuñado tiene una librería y me dice: «Mira, Mani, que esto es muy bonito, que te regalan con esto un armario y un televisor.» Pues bueno, ni he visto un vídeo, ni he visto los faraones, ni he visto nada.

C: ¿Y no ha ojeado usted de vez en cuando algún pasaje, pues, Ramsés IV o Akamenón VIII?

F: Amenofis lo leí por encimilla, pero el segundo ya lo empecé y ahí está.

C: Y luego la otra, la de las plantas ¿no?

F: Eso es mi mujer.

C: ¿Pero a ella le gustan las plantas?

F: Bueno, hemos tenido dos plantas, se secaron, y ahora las tenemos de plástico.

C: ¿Y la otra compra cómo fue?

F: El del aparato de Chuck Norris.

C: ¿Y ese aparato para qué sirve?

F: Antes de casarme me dice mi mujer: «No veas el tío que está con el aparato.» Digo: «Pues yo me pongo igual.» Y me lo echó por unos Reyes hace dos años y empecé a montarlo, tres horas o cuatro, y todavía no lo he cogido porque no sé ni cómo va el aparato ni yo he adelgazado. Al revés, 14 kilos he cogido.

Maniáticos

Si les parecieron exageradas la manías de Jack Nicholson en la película *Mejor... imposible* —entre las cuales destacaba que no podía pisar ninguna raya marcada en el suelo—, prepárense, señores directores de cine, para engordar sus guiones y llevar a la gran pantalla una serie de manías curiosamente protagonizadas en su mayoría por mujeres de la España profunda. Escojan un momento tremendo de depresión y resérvense para ese instante las historia de Ricardo, testigo de cómo su suegra llegó a castrar al gato, cortarle el rabo, arrancarle las uñas y ponerle unos calcetines del Cádiz con tal de que no defecara, ni orinase, ni rayara el parqué del piso...

• ANTES DE DORMIR

Pepi

F: Las manías de mi novio.
C: ¡A ver!
F: Él lo primero que hace es que se lleva una botella de cinco litros a la cabecera de la cama.
C: De lo cual se deduce, primero, que usted duerme con su novio.
F: Sí.
C: Bien.
F: En diciembre nos casamos.
C: Bueno.
F: Estamos viviendo en pecado.

C: ¿Qué dice mamá al respecto?

F: Mi madre al final lo tuvo que entender. Ya está más tranquila porque en diciembre nos casamos.

C: Bueno, ya me deja usted más tranquilo a mí también. Vamos a ver, Pepi, ¿una botella de cinco litros?

F: De cinco litros. Al principio se llevaba el vaso. Digo: «¿Este niño qué hace?» Pero ya me venía todas las noches con la botella de cinco litros a los pies de la cama.

Naranjo: Es precavido, ¿eh?

F: Es que parece que se harta de potajes todas las noches. ¡Eso no es normal! Que las cenas son ligeras, no para llevarse una botella de cinco litros.

C: ¿Y la consume?

F: ¡Es que me parece a mí que no bebe en toda la noche!, que son manías. Y después se lleva la linterna.

Naranjo: Por si se va la luz. ¿No te lo digo?

C: ¿Y por qué se lleva la linterna?

F: Yo me quedo extrañada. ¡Este niño no es normal! Una linterna o dos linternas.

C: ¿Y qué hace con las linternas?

F: Últimamente aquí en Baleares ha llovido mucho y se ha ido la luz. Pero eso lo hacía de siempre. Y últimamente hasta dos, por si una falla tiene la otra. Pero esto es verdad, ¿eh? No me lo estoy inventando. Y después se lleva... ¡Es que tiene muchas cosas! Se lleva un paquete de *kleenex* porque tiene vegetaciones y se abre las ventanitas de la nariz para respirar y después contrae la garganta: «Ag, ag, ag», que parece que va a cantar. Yo le mando quince minutos antes a acostarse para cuando yo llegue. Estoy en el salón y digo: «A ver, que voy para allá, ¿has terminado?»

C: Y dígame, Pepi. ¿Luego le duerme bien?, ¿es un hombre de buen dormir?

F: Sí, sí, él duerme toda la noche. Bueno, se levanta veinte veces a orinar.

Lorenzo: ¡Vaya perla!

F: Yo le digo que parece que tiene «angurria».

Lorenzo: Pero, ¿usted ha estudiado psiquiatría?, porque vamos.

Naranjo: Ahora comprendo yo que su madre esté tranquila con que usted duerma con él. Lo entiendo perfectamente porque ¡no creo que la vaya a dejar embarazada! Porque con lo precavido que es, cualquiera le pilla de sorpresa.

C: Y dígame, Pepi, él se levanta a orinar unas cuantas veces. ¿Es ruidoso?

F: Yo soy muy nerviosa. Enciende la luz y para arriba: «¡Chiquillo, acuéstate ya!» Y hasta me ha propuesto que va a poner una escupidera debajo de la cama. Y digo: «¡Eso es muy antiguo!»

Óscar

F: Cuando yo era pequeño tenía la costumbre de pegar cabezazos contra la almohada. Pero el cabezazo iba acompañado con un «aaapum, aaapum, aaapum». Era curiosísimo. Y eso me costó mis palizas porque despertaba a toda la casa. Y mi padre más de una vez se levantaba ya mosqueado y me zarandeaba. Una vez incluso me caí al suelo y yo seguía «aaapum, aaapum». Gracias a Dios se me quitó la manía, pero se me quitó un día que dando cabezazos me debí ir moviendo hasta que llegué a encontrar la esquina de la cama «aaapum, catapum», y pegué un grito sangrando por la cabeza. Se me quitó porque con la brecha que tenía no podía pegar cabezazos y ya se me quitó.

C: Es decir, levantaba usted la cabeza, la ladeaba un poco y entonces...

F: No, frente a la almohada, levantaba la cabeza y «aaapum».

C: Con la frente.

F: Con la frente, con la frente.

C: Y eso, ¿hasta qué edad lo tuvo usted, Óscar?

F: Hasta los diez años más o menos.

C: Y ya de mayor no ha tenido ningún...

F: No, no, gracias a Dios no. Me ha quedado una marca puñetera en la cabeza pero gracias a Dios no.

• De la limpieza

Ignacio

F: Yo lo tengo en casa, chico. Tengo una mujer que debe ser como esos ratones casi, como ese gen. ¡Tremenda! Yo le pedí a los Reyes Magos servilletas de tela, porque como pases una servilleta de tela por los labios, a lavar, a lavar y a lavar. Entonces, no hay servilletas de tela que lleguen. Termina por ponerlas de papel y yo las odio para comer. Yo le dije este año a los Reyes: «Quiero que me pongan cincuenta servilletas de tela.» Todas con la «I» de Ignacio para mí, para tenerlas siempre a disposición.

C: ¿Y ella ya sólo le pone servilletas de papel?

F: Claro, claro, claro, porque es que si no, las de tela se tienen que echar a lavar inmediatamente.

C: ¿Pero simplemente porque usted se la haya pasado por los labios?

F: Nada más limpiarte. Te limpias las manos con ellas, ¡pumba!, a lavar. Te limpias con ellas la boca, ¡a lavar!, es decir, todo va para lavar. El pijama todos los días a lavar.

C: ¿Todos?

F: ¡Todos los días! Es tremendo, chico. Llega por ejemplo cansada... llegamos a las cinco de la mañana de salir de marcha. Yo me levanto, me tiro en el sofá a ver el fútbol y después por la tarde a oír el *Carrusel* con el José Mari y ella a lo mejor se sienta diez minutos. Dice: «¡Ya estás! Todo el día ahí tumbado.» «¡Túmbate tú también! ¿Quién te dice que te levantes?» A los diez minutos de estar sentada: «Hija, ¿a dónde vas?» «A limpiar, tengo las baldosas del baño que están sucias.» Viene a los diez minutos: «Qué, ¿va perdiendo el Barça?» Porque quiere que pierda el Barça.

Lorenzo: Encima de limpia que pierda el Barça.

F: Es guarra en ese sentido, en que quiere que pierda el Barcelona y yo soy del Barcelona. Ella quiere siempre que gane el Madrid.

Naranjo: Es lógico que su mujer quiera ser del Madrid porque visten de blanco.

F: Es que si llega a entrar en los vestuarios les lava las camisetas todos los días.

C: Ya me ha dicho usted que los pijamas todos los días a lavar, pero por ejemplo, el suelo, los picaportes...

F: Todo, todo, todo, todo, todo, todo... Las alfombras, si las lava, te marca por dónde tienes que pisar mientras no se seca. Y no puedes pasar por el centro hasta que ella tenga constancia de que eso está seco. Y no te digo nada si pisas barro. Yo tengo tres hijos, entonces ya empieza a investigar: «¿Quién pisó barro?»

Agustín

F: Mi caso y mi obsesión es mi novia. Bueno, es mi caso y su obsesión, que no es lo mismo. Tiene obsesión con los mocos. Pero que estás en cualquier lado y: «¿Tengo un moco, tengo un moco?» Y como es bajita, yo mido 1,80, levanta así la cabeza le pille donde le pille; en un restaurante, en mitad de la calle, en casa comiendo...: «¿Tengo un moco, tengo un moco?» Y hasta que no le dices que no, no se queda tranquila. Igual estás en el cine y en el final de la película se oye un:

«¿Tengo un moco, tengo un moco, tengo un moco?» Y ese no es el peor problema. El peor problema es que le preocupan sus mocos y los de los demás. Y entonces, en las mismas situaciones te coge de la nariz y te la levanta a ver si tú llevas un moco.

C: Pero vamos a ver, Agustín. Y en el caso de que usted le responda: «Sí, tienes un moco», ¿qué pasa?

F: Le entra la histeria: «¡Un papel, un papel, un pañuelo, un pañuelo, un pañuelo!» Y como no lleves un pañuelo encima o como no lo lleve ella encima... donde sea. Si le pilla en mitad de la calle, entra a un bar, va al cuarto de baño, coge papel higiénico...; o entra a una tienda, compra *kleenex*... Lo que sea pero se tiene que quitar el moco. Ya está nerviosa.

C: Y, por ejemplo, si la mucosidad la tiene usted, ¿qué ocurre?

F: ¡Ufff! ¡Eso es peor todavía! Coge el papel y te hurga en la nariz hasta bien dentro, hasta asegurarse de que tus vías respiratorias quedan completamente limpias. Desde la punta de la nariz hasta los alveolos pulmonares.

Naranjo: Pero, ¿se subirá en una silla, no?

F: No, no, no, claro. ¡Y coge y te agacha! Te agacha y te mete el dedo hasta no poder más.

C: Y esa obsesión, ¿de qué le viene, Agustín?

F: Pues no lo sé. Debe ser algo de pequeñita porque también tiene obsesión con lavarse las manos. Yo soy zapatero, entonces, como tú comprenderás, las manos las llevo todo el día sucias. Llego a casa: «¿Te has lavado las manos antes de salir del trabajo?» «Sí.» «Ve y lávate las manos.» Voy, me lavo las manos. Estás por ahí y tocas cualquier cosa: «Ve y lávate las manos que las llevarás sucias.» Si vas a comer te lo dice antes de comer y cuando ya te has sentado: «¿Te has vuelto a lavar las manos?» ¡Se me van a desgastar de tanto lavarme las manos!

C: Que la gente es así, Agustín. Que la gente es limpia y es limpia. ¡Qué le vamos a hacer!

Verónica

F: La maniática es mi suegra. Esa no se pone el trapo en las manos. Esa se pone unas bragas en los pies.

C: ¿Cómo?

F: ¡Se las deja enganchadas a los pies!

C: ¿Una braga?

F: Y entras en el piso, te vas a la cocina y ella detrás meneando el pie, limpiando las pisadas con la braga liada en los pies. ¡Agobiante!, es que es agobiante. Y es que te ve llegar con el coche y ya está asomada a la ventana: «¡Que sus limpiéis los pies en el felpudo!» Y eso no es nada. Después, está mi novio duchándose y está tocándole en la puerta: «¿Te queda mucho?» Pero no por entrar sino para recoger el cuarto de baño. «Mamá, ¡que todavía no he terminado!» «Que si te queda mucho, que tengo que recoger, que tiene que entrar tu hermana.»

Lorenzo: Pero explique bien usted eso de las bragas en los zapatos.

C: Se envuelve el zapato en una braga.

F: Yo le digo: «Carmen, pero mujer, ¿usted por qué se pone unas bragas liadas a los pies? ¿por qué no se pone un trapo cualquiera?» Que no, que ella dice que las bragas las tiene para tirarlas: «Yo, para tirarlas me las engancho en el pie.» Y detrás tuya va meneando el pie. Tú te vas a la cocina y ella detrás tuya. Y tú te das la vuelta en el pasillo y ella se da su vuelta. Y si tú te sientas, se sienta al lado tuyo; como haga un gesto para levantarme ya está ella para moverse. ¡Agobiante, agobiante de la limpieza!

C: La cocina la tiene limpia, las mesas, los platos...

F: En el comedor no se come. Se come en la cocina. Yo llevo siete años con mi novio y todavía no le he visto comer en el comedor.

José María

F: El caso mío es de mi novia más bien que el mío porque yo de limpio, lo justito. Cada vez que voy a su casa, que voy todos los días, al entrar, el típico felpudo. Esta chica que ha hablado antes, salía la suegra para que se limpiara los pies. ¡Yo me tengo que quitar los zapatos!

C: ¿Ah, sí?

F: Yo tengo que entrar descalzo. Pero yo y todo el que entre, ¡vamos! Nos ponemos a cenar o a almorzar o lo que sea, las miguitas del pan no pueden caer encima del mantel o en el suelo. Si es en el suelo ya te la lía. Todo el día con la fregona en la mano, el vaso tiene que estar reluciente, el plato igual, tenedores, cucharas, ¡todo! Eso de entrar en casa con unas pelusitas en la ropa o algo...

C: Por ejemplo, ¿fumar se puede en esa casa?

F: No, no, no, ¡qué va! ¡Bueno! ¡Eso es pena de muerte! ¡Eso es pena de muerte!

C: Y usted, ¿jamás ha encendido un cigarrillo, el primer día que fue o algo parecido?

F: Sí, sí, sí. El primer día que fui y por poco me lo como.

Enrique

F: Te voy a hablar de la tía Maruchi.

C: ¿De la tía Maruchi?

F: ¡La tía Maruchi es una fenómena, hombre! Eso era una delicia. Tenía la casa que aquello parecía los chorros del oro.

Tenía un perro, era un *setter* irlandés precioso, se llamaba el Keri. Y al Keri le tenían puesto por el parqué cuatro calcetines. Y como es muy del Cádiz, le ponían los calcetines del Cádiz. Lo gracioso era que llamaba al Keri: «¡Keri, ven, Keri!» Y el Keri se ponía en la puerta de la cocina y hasta que no le ponía los calcetines era incapaz de pasar al parqué. Y los cinco sobrinos cuando íbamos a la casa era para ver lo que le hacíamos al Keri. Llamábamos al Keri sin los calcetines y le empujábamos. Y el Keri se pegaba unas leches saliendo del parqué... ¡Era una artista la tía Maruchi!

C: Y la tía Maruchi, además de los calcetines del Keri, ¿tenía alguna que otra manía?

F: No, era de tener todo muy limpio, pero era la gracia del perro nada más. Lo de la casa muy limpia y eso, claro, cuando llegábamos los cinco sobrinos se le revolucionaba un poco la cosa pero con cariño, con cariño.

C: Y el Keri, ¿falleció ya?

F: Sí, el Keri tenía diecisiete años ya cuando murió el pobre. Y el Keri con los calcetines se pegaba el pobrecico unos guantazos...

Ricardo

F: Yo empecé con mi madre. Yo empecé a sospechar que lo de mi madre era algo raro cuando a primeros de los sesenta, yo tendría unos siete añitos o así, cuando a los chavales los lavaban una vez por semana el que lo lavaba, a mí me lavaban todos los días. Y eso yo lo llevaba en secreto porque de verdad que no quería decirlo en el colegio por si acaso pensaban que era algo raro. Y eso yo lo llevaba oculto. Luego, cuando fui mayor, el problema fue cuando en mi casa pusieron el parqué. Aquello ya fue el sin vivir absoluto. Teníamos un gato que mi madre también le ponía como el otro vecino unos calcetines. Y el gato era un espectáculo verlo andar por el parqué. Era un espectáculo porque andaba como las arañas, levantando mucho las patas. Era graciosísimo. Creo que intentó quitarse la vida porque es que pasó una cosa. Al gato, primero le cortaron los huevos para que no fuera haciendo cosas raras, anteriormente le habían cortado el rabo y cuando logró quitarse los calcetines le cortaron las uñas, se las arrancaron. ¡Y se tiró por un cuarto piso! No sé si sería por esto. El caso más sangrante fue que a la salida de la cocina ella colocó una alfombra para que cuando saliera uno con los pies manchados de algún resto de comida no pisara el parqué. Como aquella alfombra que puso era tan bonita puso un trapo encima para no manchar la alfombra. Iba poniéndole capas como las cebollas. Le puso a los sofás unas fundas para no mancharlos y encima de las fundas unas sábanas. ¡Eran muy bonitas! Y menos mal que me casé y me fui de mi casa. Creí que aquello se había arreglado, pero aquello empeoró mucho porque ahora mi mujer, directamente antes de entrar en la casa, me hace levantar los pies y me limpia los zapatos con un trapo. Y eso porque hay que andar nada más dos pasos y entrar en la cocina. ¡Un desastre!

C: ¡Y ahora tiene usted la casa de mírame y no me toques!

F: Sí. Mi mujer cuando llego, para señalarme que a lo mejor he andado con los calcetines, enciende la luz del pasillo para que se vea el reflejo, se tira al suelo y me dice: «¡Mira, por ahí has andado!» No sé si pretenderá que vuele o que me deslice o yo no sé.

C: Entonces, Ricardo, ¿ha llevado usted toda la vida esa presión?

F: ¡Toda la vida! Mi mujer me hace que vaciemos una vez al mes toda la vajilla y la cristalería de todos los armarios; de esa cristalería que no se gasta nunca... pues hay que sacarla, meterla al lavavajillas y lavarla toda porque parece ser que eso se tiene que hacer. Y este es mi sino.

Daniel

F: Yo os he llamado para comentaros el caso increíble de mi suegra que yo creo que como ella solamente hay una. Totalmente respetable pero ¡a cuadros! Todo lo que os cuente os vais a quedar con los pies vueltos que lo que habéis oído no es nada comparado con ella. ¡Y eso que eran cosas increíbles! Yo estuve saliendo con mi mujer durante siete años y los siete años que fui a buscarla a casa me recibía en la cocina. Me sentaba en una banqueta y mi suegra y mi suegro se subían a ver la televisión mientras que ella se terminaba de arreglar. No podía pasar a la casa.

C: ¿Ah, no?

F: No, no, no. No podía pasar. Me recibían en la cocina y me despedían en la cocina.

C: O sea, no llegó usted a conocer la casa hasta que casó con la muchacha.

F: Sí. Y aun así tampoco voy porque tampoco se puede pasar. Su propia hermana vive al lado y llevan treinta años viviendo y yo creo que no se conocen la casa la una a la otra.

C: Pero vamos a ver. Y cuando usted ha entrado, ¿cómo es el tesoro que tienen allí?

F: Para empezar, los suelos los tiene puestos de sintasol. Pues yo no he visto una persona que se ponga a cuatro patas todos los días y abrillante los suelos con una mano y una bayeta y con el Pronto, duro que te pego, duro que te pego con el suelo. Le saca brillo al suelo por donde no se pisa.

C: ¡Qué bonito!

F: Claro, luego pegas unos patinazos. Te dice: «¡Aquí has pisado!» Digo: «Claro, ¡si lo tienes con un dedo de Pronto que le has echado aquí en el suelo!»

C: Y los muebles, ¿los tiene también relucientes?

F: Los muebles no se usan.

C: ¿Cómo que no se usan?

F: Te explico.

Lorenzo: Se miran.

F: Sí, sí, se miran y no los mires mucho. Fui una vez a buscar a mi novia y me senté en una silla, ¡me senté en una silla!, que me dijo mi novia: «Siéntate y espera un momento mientras que termino de arreglarme». Salió ella y me dijo: «¿Qué haces ahí sentado?» Y me echó de casa.

C: Pero, ¿por qué?

F: Porque estaba sentado en una silla. Como era de terciopelo se podía estropear.

C: Y en el salón, ¿ellos dónde moran?

F: Ellos tienen una habitación que la han hecho cuarto de estar y están allí. Pero cuando ahora subo algunas veces quitan los cojines de donde te sientas y donde te recuestas, los quitan y le ponen unas esponjas y un trapo en el suelo para que no pises en el suelo. «¿Y por qué me quitas los cojines? Qué pasa, ¿los estropeo o algo?» Dice: «No, no, es que se deforman.»

C: Y para comer y para...

F: En la cocina. El salón está de adorno. Yo le he dicho: «Pues mira, colócale un metacrilato, le pones unas luces desde fuera y al menos la gente lo ve.» Lo puede utilizar de museo.

C: Y los platos muy limpios, los vasos muy limpios...

F: Sí, sí, sí, sí, sí. Bueno, bueno, bueno, los platos una mota de polvo y: «Oye, que esto no tiene...» «Sí, sí, sí, esto está manchado.» «¿Pero dónde está manchado?» «No, no, esto hay que lavarlo.» Pum, a lavar.

C: Y son iguales él y ella, ¿no?

F: Claro, dicen que dos que duermen en el mismo colchón se vuelven de la misma condición.

Jesús

F: Yo tengo un amigo que es el no va más de la pulcritud. De tanto lavarse sus manos las tiene siempre necesitadas de cremas y demás. Su rollo llega a tal extremo que incluso en el sentido del orden, de conservador, de tener la ropa siempre... le dura la ropa mil años, el coche dos mil, ¡es increíble! Los pantalones de pana que se compró hace diez años, cuando se sienta en una silla de rejillas pone el periódico para no joder el canutillo. ¡Es que es un señor! El tío es un caballero. Es de los que dobla el calzoncillo y los calcetines antes de acostarse. ¡Es algo increíble! Y anécdotas de este estilo te estaría contando mil y una.

C: Cuénteme usted, porque lo de doblar el calzoncillo y el calcetín es...

F: ¡Es un señor! Eso es algo acojonante. Es un hombre tremendamente ordenado, pulcro... No sé, es que en este momento no se me ocurre...

C: ¿Cómo tiene la casa?

F: La casa impecable, impecable. Es de los que te dice que tienes que entrar con los pies en los hombros, con los zapatos encima para no manchar, para no rayar después de haber encerado mucho. No se me ocurre ahora, Carlos, porque es la primera vez que conecto con vosotros, ninguna anécdota de él. Pero es que ¡es increíble! Por ejemplo, cuando entra con los zapatos mojados los seca en el radiador, pero pone encima del radiador, para no estropear la pintura del radiador, un periódico.

• MÚLTIPLES MANÍAS

Ángel

F: En un pueblo de Orense, cerca de Carballiño, hay un restaurante muy famoso y muy bueno, y el dueño, hace como quince años la primera vez que le vi, tiene una costumbre que es con rollos de papel Albal se sienta en una especie de secreter que tiene cara al público pero escondidas las manos y empieza a hacerle dobladillos y lo corta. Hace: «ñiiiiiiiiiiii, ñiiiiiiii.» Hace quince años los rollos eran de diez metros pero es que hace tres años que estuve la última vez los compra de estos industriales.

Marí

F: Una de las manías es que me dice que me quiere y por eso le respetamos. Una de las manías que tiene es que tiene que limpiarse la parte trasera con lo que él mide, el cuerpo que él mide. Empieza a desenrollar el rollito del papel, con lo que siempre tengo un montón de rollitos sin acabar porque no miden lo que él mide. Y con eso te puedo decir un montón pero solamente era para saludarte y darte un abrazo.

Naranjo: ¿Cuánto mide su marido?

F: Mide 1,70.

Naranjo: ¡Ah!, bueno, es recortadito porque si no el gasto...

F: Se me juntan en el cuarto de baño, Naranjo, hasta cuatro rollitos sin terminar.

C: Y lo que no le sirve, ¿lo deja ahí aparte?

F: Exactamente. ¡Menos mal que me sirve a mí que yo mido 1,54!

César

F: Yo veo a dos personas andando por la calle juntas y voy poniéndoles mis conversaciones: «Hola, qué tal, ¿cómo estás?» «Muy bien, don Ernesto. A propósito, el otro día me comentó un amigo mío que le debía usted...» Mis conversaciones, uno le debe cinco mil pesetas a otro... Y entonces, esa es mi pequeña manía. La otra es que pongo la antena, me explico. Yo estoy, por ejemplo, tomando un café con mi novia y estoy pendiente de lo que me está diciendo ella y de la mesa de detrás porque están teniendo una conversación a lo mejor más interesante que la que estamos manteniendo nosotros.

Adoración

F: Una manía de mi marido es que si está subiendo unas escaleras, aunque esté casi llegando arriba del todo, como se tropiece en algún escalón tiene que volver hasta abajo y volver a subir.

• LOS SUPERSTICIOSOS: UN MUNDO APARTE

Blas

F: Yo era un poquito, un poquito nada más, supersticioso. Pero me llegó a pasar una cosa que me hizo que fuera totalmente supersticioso al máximo. Y fue que estaba parado y me buscaron un puesto de trabajo. Ese día yo no sabía que me habían llamado a mi casa y decían que fuera que me iban a colocar en Sevilla. En una bar estaba tomándome una tapa y se me partió un colmillo que tenía de un pequeño puente. Cuando llegué a mi casa el puesto era de relaciones públicas y me dijo mi mujer: «Mira, que te ha llamado fulanito que te van a recibir, que ya tienes el puesto de trabajo.» Y cuando me miró me dijo: «¿Qué te pasa?» Y digo: «Será que como me has dicho que tengo el puesto de trabajo se me ha cambiado un poco la cara.» Y dice: «No, que te has hecho algo. ¡Me cago en diez, un colmillo que se te ha roto! ¡Y esto es un puesto de relaciones públicas! Fíjate qué imagen vas a dar tú ahora con ese boquete en la boca.» Total, que dije, no hay problema, me lo arreglo. Me dice: «Compras un tarro de Loctite que eso te lo pega en un momento y no pasa nada.» Y efectivamente. Me arreglé, me puse mi traje, mi corbata, comí y me fui para Sevilla. Y cuando llegué a Sevilla aparqué en El Corte Inglés y me fui a la calle Tetuán que es donde tenía este hombre la oficina. Me pasaron: «¿Fulano de tal?» «Sí.» «Le están esperando.» Me llevaron a un salón oscuro y me senté a leer unas revistas. Y me acordé del diente. Entonces dije: «Me va a dar tiempo de pegarme el diente.» Abrí, cogí el tarro de Loctite, me tanteé el colmillo, el puente, me lo quité, saqué el colmillo, le puse dos gotitas de Loctite y cuando lo fui a pegar se abre la puerta y aparece el que me iba a dar el puesto de trabajo. Y con los nervios, en la mano derecha se me quedó el diente y el tarro de Loctite y me dice: «Hola Blas. ¿Qué hay?» Porque era amigo de un amigo mío. Le doy la mano y se me quedó pegado el diente a su mano. Se me quedó el tío mirando y miraba la mano y dice: «Esto, ¿será de usted?» Y me quedé sin el puesto de trabajo, Carlos.

C: Y luego, ¿le arreglaron el colmillo, Blas?

F: El colmillo me lo arreglaron, gracias a Dios, por la Seguridad Social, porque sigo parado.

Isabel

F: Yo te hablo de una vecina mía que es muy supersticiosa. Mira, ¡eso es horroroso! Estar al lado de ella es que me pone de los nervios porque es que eso es ¡todo! Esa mujer escucha un afilador, se abre su ventana de su cocina, se pone un pañuelo en la cabeza, se engancha... Ahora, ese día hay que comprar un número de los ciegos, el día que escucha al afilador. Quema romero todos los viernes: «Que salga lo malo, que entre lo bueno.» Parece aquello una casa de indios. Mira, cuando viene de un entierro sé tiene que beber un vaso de vino porque aleja lo... ¡yo qué sé! Y luego su casa es un hospital, siempre están malos. Y le digo: «Menos mal que quemas romero, porque vamos.» Cuando no tiene el niño fiebre, cuando no le ha dado un ataque de anginas, cuando no ella tiene artrosis, cuando no el médico de urgencias, la casa... Le digo: «¡Tú eres fija de la Seguridad Social!»

C: Y ella, por ejemplo, ¿tiene mucho cuidado con un martes y trece?

F: ¡Uh! ¡Tú no vayas a pedirle sal a su casa!

C: No, ¿verdad?

F: Ni se te ocurra.¡Que no vayas a derramar una gota de sal en la cocina! ¡Uh, por Dios! Enseguida el romero, el romero, a quemar romero. ¡Es horrorosa, horrorosa!

C: Y, por ejemplo, con los espejos también mucho cuidado, ¿no?

F:¡Uh, por Dios! Es que eso es todo. Ella se pone a hablar contigo y: «No hagas esto, no hagas lo otro. Esa tijera, esa lata. Niño, el paraguas.» Mira, yo muchas veces digo: «Mari Carmen, si tú tienes mala suerte de lo que tú tienes...» Porque cuando no tiene un niño con anginas, le tiene que le ha dado tos, cuando no que a la niña se le ha bajado el azúcar, cuando no que a ella de duele un brazo, cuando no que al marido le duele un dedo. Digo: «¡Pues menos mal que tú estás siempre quemando romero...!»

C: Pero Isabel, ¿y esa técnica que no conocía yo de abrir la ventana y ponerse un pañuelo en la cabeza?

F: Te puedes imaginar cuando tú pasas por el barrio y ves a esa mujer, con el pañuelo en lo alto de la cabeza, la ventana abierta y haciendo sus rituales. Porque ella dice sus refranillos y sus cosas: «No sé qué y no sé cuántos, porque trae muy buena suerte», con un pañuelo normal de mocos, digamos, en lo alto de su cabeza, chin, chin, chin, chin, chin. Y ahora, ese día un número corriendo para que entre la suerte, para que se vaya la mala suerte, para que yo no sé qué... Es que es imposible acordarse de todo lo que es.

Jorge

F: En Buenos Aires somos muy supersticiosos a ciertos nombres, o sea, hay personas a las cuales no se pueden nombrar. Por ejemplo, hay un navegante solitario que para los que somos navegantes cuando se le nombra trae muy mala suerte. Y un cantante que tú tienes que conocer, que es uno que aparecía hace mucho tiempo con un perro y es ciego, no por favor, no lo nombres... Entonces, cuando alguien te nombra a ese cantante, para contrarrestar la mala suerte que te desean tú te tienes que coger un testículo con una mano y con la otra llevar una llave al suelo.

Naranjo: ¡Jo, qué dolor!

F: Entonces, en un torneo que organizaba una firma de tabaco, de Philips Morris, en un torneo de backgamon, estábamos jugando un *soet* y había una compañera y uno, para desearle mala suerte al otro, coge y nombra a este personaje. Todos nos agachamos con las llaves cogiéndonos un huevo y la pobre chica, que no sabía qué hacer, a uno de los jurados le cogió el huevo y metió la llave para no tener mala suerte.

Pedro

F: Yo trabajo en un bingo, Carlos. He trabajado, ahora mismo no trabajo. Y allí he visto de todo. Allí cogen los cartones, se los ponen en la cabeza, se los pasan por las partes bajas de su cuerpo, te piden agua... ¡pero no para beber!

Cuando llevas el vaso de agua lo tiran debajo de la mesa. Otros que te ven pasar y te dicen: «Llévate el vaso de agua, llévate el vaso de agua...», y le quitas el vaso de agua a un cliente que está bebiendo. El cliente se mosquea con el otro... que «yo quiero beber». Chinitos, cabezas de ajo... Si ve a alguien con un poquito de chepa, con disimulo le saluda y le pasa el cartón por lo alto. De todo, en un bingo puedes ver de todo.

C: Pero tiene que ser muy distraído, ¿verdad?

F: ¡Claro que sí! Además, tú te sientas allí en la sillita hasta que te llamen y vas viendo a cada uno lo que hace. Tiran los cartones, queman los cartones, intentan pedir el cartón con cuatro esquinas y con el cuarenta y cinco en el centro...

C: ¡Qué bonito! ¿Y hay alguna técnica que sea más productiva que otra? ¿Usted ha comprobado que algo vaya mejor?

F: Por lo visto, son los cartones de cuatro esquinas con el número cuarenta y cinco. Y si no te toca lo tienes que guardar debajo del cenicero durante tres manos. Si a las tres manos no te ha tocado, lo quemas.

Luca: ¿Y el trece?

F: El trece no. Cuatro esquinas y el número cuarenta y cinco en el centro.

Luca: ¿El trece es un número malo para ellos o no?

F: ¡Ah, bueno, no! A ellos les da igual. Ellos con tal de cantar bingo...

Mercedes

F: Yo compré en la Expo, en el pabellón de la India, un elefante monísimo de mármol rosa que eso era divino. Yo llegué a mi casa y lo puse en lo alto del televisor, lógicamente, para que lo viera todo el mundo de la casa. Bueno, pues el elefante estuvo allí una noche. Al día siguiente, cuando me levanté, el elefante no estaba. Y yo: «¿Y el elefante?» Y dice mi madre: «No, el elefante que... que lo he tirado, vamos.» Digo: «¿Que has tirado el elefante, de mármol con monísimo que era? ¿Y eso por qué?» Dice: «No, porque el elefante tiene la trompa para abajo y eso da mala suerte.» «Mamá, por Dios, ¿la trompa para abajo?» «Un elefante con la trompa para abajo da mala suerte y eso está en el cubo de la basura.» ¡Y allí se quedó!

C: ¡No me diga!

F: ¡Allí se quedó! Y de verdad que me dio mucho coraje porque el elefante era monísimo.

C: Era muy mono... ¡Pues era para verlo!, ¿eh? Rosa y de mármol...

F: Rosa, de mármol... ¡De la India!

C: De la India. ¿Y era muy grande? ¿Era muy grande el elefante?

F: No sé. Levantaba como una cuarta del televisor. Ya sabe, la decoración propia de...

C: ¡Qué pena de cosa bonita! ¿eh?

F: Es que otro día tienes que hacer también el temita ese, la decoración de los interiores.

Naranjo: Claro, porque yo supongo que usted le pondría un pañito de croché por debajo para que el elefante no rayara la tele.

F: ¡Hombre, por supuesto! Eso es matemático. El pañito es que no falta... pero debajo del elefante, del retrato de la abuela, en todos sitios el pañito.

C: Y dígame, Mercedes, ¿cómo tiene usted el salón?

F: El salón... lo típico, ¿no? El sofá con los pañitos de croché, en la parte de atrás, sobre los hombritos, en la cabeza, también a la altura del codo... Bueno, imagínatelo. La tapicería propia del estampado este de la flor. ¡Que se vea bien el estampado!

C: ¿Tiene usted su mueble bar también?

F: El mueble bar también, que en las tiendas de los veinte duros se compran cosas monísimas y muy elegantes.

Pepa

F: Tengo una amiga que es divertidísima. Es tremendamente supersticiosa, pero la superstición más graciosa que tiene es que no se puede ver reflejada en los escaparates de la calle. Cuando va por la calle ella no va mirando nunca los escaparates. Pero cuando vamos de compras se para a ver la ropa y se pone a pata coja, mientras está mirando. Y cuando se marcha, hasta que desaparece del escaparate, va cojeando por la calle. ¡Pero le da igual si tiene un tacón de veinte centímetros que lo que lleve! Más de una vez le he tenido que agarrar porque se cae.

C: Pues cuando coja El Corte inglés, por ejemplo, que tiene vidrieras largas, ¿qué hace?

F: Y yo le digo: «Pero bueno, esa historia, ¿a cuento de qué te viene?» Dice que es porque hay gente en el escaparate y que no se mueve, que hay gente inmóvil. Y le digo: «Pues chica, ¿y eso?» Dice: «Es que eso trae muy mala suerte.» O sea, que tú fíjate el numerito cuando se va de compras con ella.

C: Por recordarlo. Ella, si mira un escaparate y se ve reflejada, que es lo más probable...

F: Levanta la pierna.

C: Levanta una pierna. ¡El problema es cuando tiene que marcharse!

F: ¡Claro! Mientras está mirando está con la pierna levantada pero cuando se marcha, hasta que desaparece del escaparate, va con la pata coja aunque ya no mire.

C: ¿Tendrá una pierna más desarrollada que otra, no?

F: ¡Es horroroso! Porque, además, se pone muy seria. Es como una cosa muy importante para ella.

C: ¡Es fantástica esta superstición!

Errores los hay de todos los tipos

Un matrimonio amigo —casados ambos en segundas nupcias— nos invitó a cenar a su casa. Mi mujer les conocía personalmente en el momento del recibimiento, que se producía en el atrio de la vivienda. Les acompañaba un niño de unos cinco añitos: dicho sea que los rasgos físicos del crío le hacían simpático y gracioso a primera vista. Mi esposa, muy cumplida, le dijo al anfitrión de la noche: «Vamos, como para negar que es hijo tuyo; es clavadito, clavadito a ti.» A lo que él respondió: «Pues te lo tengo que negar. No es hijo mío. Es el hijo del ex marido de mi mujer.» A partir de ese momento mi señora se sumió en un depresivo silencio.

De las meteduras de pata todos hemos sido víctimas alguna vez. Y nunca suelen olvidarse: para recordarlo estamos los testigos. Éste es el inicio de una serie que debería llamarse «trágame tierra».

- MÉDICOS

Antonia

F: Quería pedir un Predictor ¿no? Que es un aparato yo creo universalmente conocido para averiguar la existencia o no de embarazo. Y en este caso, como no se acordaba muy bien del nombre, pues bueno, le sugirió al boticario que le diese un Pedrito. Y el señor farmacéutico decía: «¿Dónde saco yo un Pedrito ahora?»

María José

F: Había ido una gitana y el médico le había explicado que le tenían que vaciar y que si tenía algo que opinar; si era alérgica, si le había pasado alguna vez algo, si había tenido alguna vez una hemorragia... Y va la señora, coge al médico, le amenaza y dice: «Mire, doctor, si me quita la vena del gusto, lo mato.»

Mario

F: Es el caso de una pareja que acude por la noche a una consulta de asesoramiento familiar, de las que están las 24 horas abiertas con el fin de orientar sobre las técnicas anticonceptivas, etc. Y totalmente ruborizados, los dos miembros de la pareja dicen que ha pasado algo raro, pero que hay un cuerpo extraño en la vagina de la mujer. Que no saben lo que ha podido pasar en el coche con las piruetas pero que hay algo raro ahí. Entonces un ginecólogo visualiza con el «colposcopio», y permítame que diga el término del aparato que se utiliza en estos casos, el interior de la vagina. Y observa una cosa, se queda extrañado y avisa a su ayudante para que también lo vea y éste se queda extrañado y avisa a la enfermera para que también lo vea. Al final, para digamos, un tanto extrañeza de todos los presentes, lo que allí había en el interior de la vagina era una pequeña medalla de San Cristóbal haciendo la uve con los dedos que debía estar en el salpicadero del coche.

Manuel

F: Yo soy ATS. Trabajo en un servicio de urgencias en Las Palmas de Gran Canaria y la consulta del médico y la de enfermería están contiguas y hay una puerta que prácticamente permanece abierta siempre. Entra una señora, va al médico y le dice: «Doctor, yo lo que necesito es sexo oral.» El hombre se quedó, imagínate, en 33. Al final, investigando un poco el tema, lo que quería la señora era Serosad, que es un antibiótico.

• JUDICIALES

Carlos

F: Yo llevo un día mi coche al taller a las once de la mañana o una cosa así y me dicen que tengo el coche allí para tres o cuatro días. Entonces allí mismo alquilo un coche. Bien, alquilo el coche, sin problemas. A los dos días de tener el coche alquilado viene la Policía Nacional a mi casa y me dicen que tengo que ir a la comisaría porque me han denunciado. Vale. Voy a la comisaría y resulta que me ha denunciado una señora mayor porque la habían insultado unos tíos que iban en el coche que yo había alquilado. Pues yo digo: «Mire usted, yo no he sido. Yo he alquilado el coche tal día a tal hora y esto ha sido alguien que lo ha alquilado antes que yo lógicamente.» Me hacen un careo con la señora: «Mire usted, yo no la conozco de nada.» La mujer dice: «No, yo a ti no te he visto pero a mí me han insultado y seguramente...» Vamos a juicio y yo en el juicio digo lo mismo. Le preguntaron a la señora a qué hora fue esto y dijo: «Mire usted, esto fue por la mañana.» «Mire usted, yo alquilé el coche a las tres de la tarde. Yo cómo voy a ser, yo no tenía este coche. Bueno, ¿quién ha alquilado el coche antes que yo?» «Unos extranjeros.» «¿Dónde están los extranjeros?» «En Pernambuco, yo qué se dónde están los extranjeros.» Pues resulta que me condenan a pagar 25.000 pesetas. Yo digo: «Pues no las pago, lo diga el juez o lo diga el ministro del Aire, yo no pago los 5.000 duros porque ¿yo qué tengo que ver con esto?» Queda ahí la cosa, no pasa nada, y al cabo de un tiempo me para un día la Guardia Civil de Tráfico, me pide la documentación y me dice que estoy en busca y captura. «¿Cómo en busca y captura?» «Sí. ¿Usted ha hecho algo? Usted está en busca y captura.» Me esposan, me detienen, me llevan al cuartel de la Guardia Civil. Eso era por la tarde. Paso toda la noche en el cuartel de la Guardia Civil en el calabozo y por la mañana me llevan al juzgado y a la una o por ahí de la mañana viene un tío del juzgado y me dice: «Usted está aquí porque usted debe 5.000 duros.» «Bueno, pues tome usted los 5.000 duros.» «No, no, tiene usted que ir al BBV y pagar los 5.000 duros.» Esto era un viernes. Mi mujer corriendo va al BBV a pagar, una cola impresionante. Total, que cierran el banco y no le da tiempo a pagar. Pues estuve detenido viernes, sábado y domingo. Y hasta el lunes que pagó mi mujer los 5.000 duros no me dejaron irme. Pero esposado en el calabozo con un montón de moros, con un montón de yonquis, ¡yo qué sé lo que había allí! Y al final tuve que pagar los 5.000 duros.

C: Y como no le dio tiempo de pagarlo el viernes ¿estuvo usted en el calabozo?

F: Viernes, sábado y domingo. Hasta el lunes por la mañana. Me volvieron a esposar, me metieron en un coche de la Policía Nacional y me llevaron al juzgado. Todo esto esposado con un moro. El calabozo era de película, vamos.

C: ¿Cómo era el calabozo?

F: El calabozo, pues como las películas de miedo. Todas las noches venían un montón de moros, venían yonquis, venían tíos que habían robado. Allí una manta que la ponía en un sitio y se iba la manta. Vamos, impresionante. Yo, que no estoy acostumbrado a esas historias y por una vieja asquerosa, que yo no tenía que ver nada con la vieja ni la había dicho yo nada a la vieja... Y la culpa era de unos extranjeros.

¡Es que es lógico, coño! Si tú alquilas un coche a las tres de la tarde y has tenido un porrazo o has insultado a alguien a las once: «Mire usted, yo a las once de la mañana estaba trabajando.»

C: Sí, pero ¿usted le dijo eso al juez? «Oiga, mire, yo a las once estaba trabajando.»

F: ¡Pues claro! Alguno tenía que pagar por la vieja. Entonces, como el que tenía el coche antes era un extranjero y no daban con el extranjero, pues pagué yo, y ya está.

C: Pero vamos a ver. Usted no le dijo al juez: «Mire usted. La prueba está en que aquí tiene usted el papel conforme yo lo he alquilado a las tres de la tarde y aquí tiene usted un testigo conforme yo a las once estaba en mi empresa trabajando.»

F: Eso, hasta mi hijo que tiene cuatro años lo entiende, pero la señora juez del número uno por lo visto ha estudiado, no sé, lo que estudian los monos o algo así. Porque la lógica era aplastante. Si han matado a alguien y yo a las once estoy en mi casa, ¡yo qué culpa tengo que hayan matado a Primo de Rivera!

C: Y cuando su señora volvió del BBV y le dijo que estaba cerrado, ¿usted qué sintió?

F: No, pero si es que mi mujer estaba en el BBV y había mogollón de gente. Entonces ella intentó colarse pero nadie la dejaba. Pero le daba vergüenza decir que mi marido está en el juzgado y tengo que pagar 5.000 duros. Nada, no le dio tiempo y con la vergüenza... y me estuve allí hasta el lunes por la mañana.

C: Y cuando ella volvió y le dijo: «Mira, Carlos, que no he podido pagar.»

F: No, pero es que a mí no me lo dijo porque yo estaba en el juzgado en un calabozo. Como tampoco tenía reloj porque me quitaron el reloj, los cordones de los zapatos, la correa... Yo estaba allí como un delincuente. Y yo digo: «Las dos de la tarde, las tres...» Más o menos calculaba. Y viendo que no venía, me vuelven a poner las esposas, me vuelven a enganchar a un moro y me llevan al calabozo otra vez... Digo, ¡hostia, qué ha pasado aquí! Y ya el policía me lo dijo: «Mira, no, hijo, es que tu mujer no ha venido con los 5.000 duros.» «Pero, ¡cómo no ha venido mi mujer con los 5.000 duros!» Pero todo esto sin dejarme verla ni hablar con ella ni de nada de nada. Como si fuera de la ETA o algo así.

Naranjo: Y ¿ya están pagados, Carlos?

F: Claro, tuve que pagar los 5.000 duros por la cara.

Naranjo: Lo digo porque el asesinato de Kennedy no está claro... A ver si le echan a usted la culpa.

F: Yo ya pensaba que iba a pagar hasta con la muerte de Carrero Blanco.

C: Carlos. Dígame una última cuestión: ¿qué tal eran sus compañeros de celda?, ¿qué tal se portaban con usted?

F: Yo me tenía que portar con ellos. La gran mayoría eran moros y la verdad, te daba pena de cómo venían. Mi mujer me mandaba bolsos con bocadillos porque la comida de allí, ya ves... A mí me mandaba un bocadillo con jamón y le decía al moro que estaba al lado mío: «Quillo, ¿quieres?» Y decía el moro: «No, jalufo no, jalufo no.» Bueno, pues jalufo no. Qué va. A los dos minutos decía: «¿Me das jalufo?»

• VARIADOS (¡Tierra trágame! Meteduras de pata)

Maura

F: Tengo una afición tremenda por los perros y a todos los que me encuentro tengo que tocarlos, acariciarlos, hablarles... y un día iba paseando por la calle y vi a una señora en la puerta de una tienda con un perro pequeñito en brazos y me crucé de acera para tocarlo y empecé a decirle: «Oig qué cosa más mona, qué suave! ¿Cuánto tiempo tiene?» Y era un bolso.

Pepe

F: Estamos sirviendo un banquete de una boda y sabes que las fuentes van quemando... y entonces se caen unas gotas de salsa de cordero en la mano de un señor y le digo: «¡Ay perdóneme, perdóneme!» «¡Nada hijo, no te preocupes!» «¡Ay perdóneme, todas mis disculpas!» Y coge el señor, se quita la mano y era ortopédica.

Santiago

F: Hace años tenía una cría que era un poco más pequeña y se cayó y se rompió la nariz; y a los pocos meses se murió mi padre, el hombre que en paz descanse. Vivíamos en el cuarto y subieron unos vecinos del segundo, un matrimonio muy educado, muy recatado, la señora María y el señor Felipe... Y subieron una noche a darme el pésame. Nos sentamos en la mesita camilla, un cafetito y tal, muy bien. Y dice: «¡Anda, que lleváis una temporada!» Y digo: «¡Llevamos un año que parece que nos ha mirado un tuerto!» Y me dio mi mujer por debajo con el pie. La señora María tenía un ojo de cristal.

Raúl

F: Mi padre ahora es *maître* del Hotel Villamagna, en la Castellana. Y era camarero. Entonces vino Sofía Loren a Madrid con el representante a hacer un programa de televisión y después del programa fueron a cenar. Mi padre era el camarero que iba a servir. Entonces se dispone a servir el vino, cuando se da cuenta del escote que llevaba esta mujer, un escote generoso. Se le pierde la mirada, pierde la noción del tiempo y nada más que mirando y mirando. En eso que levanta la mirada Sofía Loren y le pregunta que si le gustaba el vino. Mi padre le dice que sí, que le gustaba mucho y ella le respondió: «¡Pues a mí también! Así que haga el favor de darle la vuelta a la copa.»

Pablo

F: En una ocasión que iba por la calle con mi padre vimos a un amigo de él en un escaparate. Este amigo era bastante cabezón y calvo y mi padre, como tenía confianza con él, le dio en la cabeza. Este hombre dio en el cristal del escaparate y le dijo: «¡Ay, jodío cabezón!» Cuando se dio la vuelta no era él.

Va de palabras

Los fósforos tenemos también nuestro diccionario propio. De hecho, «fósforo», por «forofo», surgió, como le he dicho en el prólogo, de una de nuestras llamadas. Fue una deliciosa señora, a quien por cierto sigo buscando desde hace años y no la encuentro, quien llamó para participar en el tema del día.

Pues alguna de esas y otras divertidas variaciones lingüísticas han seguido surgiendo, como *corpore in sepulto* por coito.

• La habitual práctica de dar patadas al diccionario

Paco

F: Mira, no sé si te acuerdas de un programa de cuando tú estabas en Canal Sur Radio que estabais hablando sobre los métodos anticonceptivos. Y salió una chica y decía que ella no se quedaba embarazada porque con su novio practicaba el *corpore in sepulto.* Es que eso fue una frase que se me ha quedado grabada de por vida.

C: Y me imagino que cuando usted practica esa especialidad le llama también *corpore in sepulto* ¿no?

F: Y escuchando a Naranjo del autobús, ¿tú sabes cómo le llaman en Sanlúcar al autobús?

C: ¿Sanlúcar la Mayor o Sanlúcar Barrameda?

F: Sanlúcar de Barrameda.

C: ¿Y cómo es?

F: Allí le llaman «Mi coño».

C: ¿Y eso?

F: Porque las mujeres, los miércoles, cuando van a los gitanos dicen: «¿Por veinte duros va a ir mi coño andando?»

• RESPUESTAS EN EXÁMENES O CÓMO SALIR AIROSOS

María del Carmen

F: Yo soy una profesora de Historia y la Historia se presta muchísimo al disparate. Tengo un examen de hace tiempo de un alumno murciano, muy pintoresco, que está hablando del descubrimiento de América y está hablando de lo complicado que es el viaje, de lo que tardan en llegar, y finalmente dice: «Entonces Cristóbal Colón dijo, dos puntos y comillas...» ¡Uy!, estoy nerviosa, voy a rectificar un momentín. «Entonces vieron tierra y Cristóbal Colón dijo: «No arrempujar que hay sitio para todos.»

C: Mari Carmen, ¿usted qué hizo? Se mató directamente ¿no?

F: Bueno, entonces era habitual. Ahora ya no es tan habitual. Pero fue un examen, la verdad, muy comentado y que nos hizo reír mucho en el instituto y durante mucho tiempo.

C: ¿Le aprobaron al muchacho?

F: Pues sí, al final sí.

C: Sí, porque a lo mejor dijo eso Colón, ¡quién sabe!

F: Sí, ahora es un pintor famoso.

C: Ve usted, ve usted cómo la vida... la vida tiene cosas, ¿verdad?

Jesús

F: En un examen de Música en primero de BUP, un compañero mío, nos preguntaron por Juan Sebastián Bach y él respondió: «Es famoso por sus cintas. Las hay de 30 y de 60.»

C: No puede ser.

F: Cuando nos contaba la respuesta nos descojonábamos de risa.

C: No puede ser. Es demasiado bonito para ser verdad.

F: Pues es verdad. Te lo prometo, Carlos.

C: ¿Y ese aprobó o no?

F: No aprobó, claro. Lo dejó, si no me equivoco, en segundo ya, pero creo que por imposible.

C: ¿Y usted qué toca?

F: Pues yo, la flauta.

C: La que va para un lado, la que va «pa'lante...» ¿cuál?

F: Yo, cuando conocí a mis suegros me presentaron por músico. De momento me dedico a vender hierro porque de músico...

C: ¿Que no se vive de músico?

F: No, no, qué va.

C: ¿Pero toca usted en alguna orquesta de amigos, de profesionales, y de vez en cuando?

F: Sólo sirvo en la ducha.

C: Que le pega usted el toque a la flauta, ¿no?

F: Efectivamente.

Juan

F: Yo llamaba porque cuando estudiaba segundo de BUP, soy de BUP y COU y Selectividad... Empezamos a dar Latín en segundo de BUP y el profesor de Latín nos puso una frase que habíamos escuchado todos muchas veces, que es: «Ave Caesar, morituri te salutant.» Entonces, uno de los compañeros le llamó a la pizarra para que la tradujera, la analizara y demás y su traducción fue: «Las aves del César mueren por falta de salud.»

C: Y ese era un lince, ¿no, Juan?
F: Este era un monstruo. Era un artista auténtico.
C: Y ese hoy en día qué es, ¿premio Nobel de algo, de Economía...?
F: Tiene el Nobel de traducciones ilógicas.

¡Qué necesidad! (de trabajar)

El ingenio es un valor que no abunda, ciertamente. Pero cuando aparece, se hace ver enseguida. Javier es pastelero en Huesca y fue el que decidió hacer los dulces de escayola para exponerlos en el escaparate, ya que los naturales se le estropeaban sin llegar a vender ninguno. Otras pastelerías de España le han pedido mercancía de este tipo, consiguiendo hacer de ello un negocio. Si es que... hay quienes nacen con una flor...

• ¿DE QUÉ ME HA DICHO QUE CURRA?

Javier

F: Yo me dedico a hacer pasteles.
C: Ya, hombre. Hasta ahí...
F: Claro.
C: Hasta ahí normal, ¿no?
F: Sí, pero es que son de escayola.
C: ¿Cómo que de escayola?
F: ¡Joder!, de escayola decorados. Es que yo tengo una pastelería y no vendo ni un pastel ya hace lo menos seis meses. Entonces en el escaparate pongo pasteles de escayola. Y de cartón de piedra.
C: ¿Al efecto de que no se le pasen?
F: ¡Joder!, al efecto de que aquí parezca que hay una pastelería. Y la gente pasa y los ve. Son de todos los colores; de fresa con nata, una guinda encima... Y los de cartón piedra, esos son más blandos.

C: ¿Y la gente se para a verlos y a comprarlos?

F: Y les hacen fotos y todo.

C: Pero vender, cortito, ¿no?

F: Nada, no vendo ni uno.

C: ¿Y cuánto tiempo lleva usted con la pastelería?

F: Sesenta años.

C: Hombre, pero le ha dado para vivir, ¿no?

F: Sí, a mí también, y a la mujer. Pero yo llevo ya seis años que no vendo un pastel.

C: Pero eso, ¿a qué lo achaca usted?

F: No lo sé. No sé si esto es la crisis o que cada pastel vale trescientas pesetas. Entonces, claro, el mostrador nunca está vacío. Por la noche tengo unos moldes, uno lo hice de hierro, tengo pirulís, tengo uno que son ensaimadas, tengo otro que son largos rellenos... Por la noche los decoro con unas pinturas y les pongo luego una fresa, un poquito de nata, de todo. Entonces el escaparate siempre está lleno. Y roscos y de todo, y brazos de gitano... Puse un brazo de gitano un día y se me olvidó quitarle la funda esa que llevan cuando a uno le ponen una escayola.

C: Y si entra alguien a comprar, ¿qué pasa?

F: Joder, pues entonces yo disimulo, digo que los tengo vendidos, que son de encargo, que vuelva mañana...

C: Y ya se lo hace usted para el día siguiente, ¿no?

F: Entonces los pido y se los doy el día siguiente porque no le voy a mandar uno de escayola que le rompa las muelas. Están todos los dentistas de Huesca detrás de mí deseando que venda un pastel. Y las virutas de San José también las hago de escayola.

C: ¿Cómo son las virutas de San José?

F: Son retorcidas. Se hace con un hojaldre muy retorcido, muy finito. Eso es muy difícil de hacer de escayola. A mí me ha costado el molde. A mí me lo hizo uno de Sevilla el molde; «el piojo», «el piojo de Sevilla». Vive en San Bernardo.

¡Ese era un artista! A mí me mandó el molde y yo lo relleno de escayola muy fina, muy fina, como agua, y a los tres días ya está hecho.

C: ¿Y luego lo pinta?

F: Sí, luego le doy un barniz pero sin brillo. Y le echo por encima como unos granillos que parece la almendra molida, pero que ni es almendra ni es nada. Son como las virutillas esas de madera.

C: ¿Y la gente está orientada?

F: ¡Ah, yo soy muy famoso! Aquí vienen todos los días y me dicen: «¿Has cambiado de pasteles?» Y digo: «No, son los mismos del mes pasado.» Y hay algunos que se abren. Como le da el sol al escaparate, coge calor la escayola y entonces se abren. Vamos, tampoco es que se abran mucho pero se ve que el interior no es crema ni es nata ni es nada.

C: Y la última persona que compró un pastel, ¿quién fue?

F: ¡Ojú! No me acuerdo mucho de él. De su hijo sí porque me está buscando hace tres o cuatro meses para darme una paliza.

C: Y dígame una cosa, Javier, ¿y dónde tiene usted la pastelería? ¡Por hacerle publicidad, hombre!

F: No, no me haga usted publicidad que mañana no vendo ni el pan. A ver si se creen que las barras de pan también son de escayola.

C: Ah, bueno, ¿pero hace usted pan también?

F: Yo la tengo en Huesca, pastelería güara.

C: En el mismo Huesca, ¿no?

F: Sí, sí, en el centro de Huesca. Veintitrés años llevamos abierto. ¡Esto es una maravilla! Tengo la mejor clientela de todo Huesca entera. Los domingos, como cierro por la tarde, es cuando más pasteles dejo en el escaparate. ¡Eso es una preciosidad! ¡Está muy bien, está muy bien!

C: Pues nada, Javier, que me alegro porque me parece imaginativo.

Ángel

F: Estoy trabajando en un laboratorio y no sé si sonará a risa, creo que no pero en fin, es de hacer sobre todo análisis de las heces.

C: Análisis de heces, ¡ah!

F: Sí, que se entienda bien, de la caca.

C: Sí, sí, sí.

F: Se me ha ocurrido llamarte porque un día le dije a una señora: «Tiene que traer un poquito, así como en una caja de cerillas, un poquito de caca (para que se entienda) para hacer el análisis.» Y ella entendió una caja de cerillas de esas grandotas que había entonces...

C: De cocina.

F: Sí, de esas grandotas. Y digo, voy a comentarles esto para que sepan que hay trabajos de todos.

C: Y dígame una cosa, a usted las heces que le llegan, le llegan recientes o ha pasado ya...

F: No, hay algunas que sí. Hay de todas clases; hay duritas, hay tiernitas...

C: Y qué tiene usted que hacer con ellas: olerlas, probarlas... ¿qué hace?

F: No, Carlos, no jodas, ¡hostia!

C: No, es curiosidad científica. A usted, por ejemplo, le llega la persona y le dice: «Hola, vengo a hacerme un análisis.» Y usted le da la caja de cerillas y le dice: «Ponga aquí.»

F: Bueno, ya hay unos recipientes especiales.

C: Y la manda usted directamente y cuando sale del cuarto de baño vuelve ya con las heces en la cajita.

F: Sí, sí, sí. ¡No sé cómo se apañará para meterlo ahí!

C: Es decir, con humillo o sin humillo.

F: Sí, sí, hay algunas con humillo. Es que ya me muero de risa porque probarlas...

C: Me imagino que habrá perdido usted el olor ya o todavía...

F: No, la verdad es que tengo buen olfato. Me tengo que poner un par de mascarillas, en vez de una, dos.

C: Y luego, ¿qué hace con la muestra?, la guarda...

F: No, ¡eso no es una cosa de recuerdo!

• DE PROFESIÓN, GORILA

Pedro

F: Esto le pasó a un tío mío, hermano de mi padre, de fama de juerguista en Sevilla único. Una noche, después de la juerga, se fue con dos tipas de un cabaré a tomar la última copa a un casino donde él era socio, un casino de la calle Sierpes. Cuando llegó y lo vio pasar el portero lo paró: «Hombre, don Francisco, usted perdone, pero no puede entrar aquí con estas dos señoras de moralidad dudosa.» Y dice: «Moralidad dudosa las que están ahí dentro. ¡Estas son putas!»

C: Y entró o no entró.

F: ¡Qué va! Se quedó en la calle.

C: Y dónde era: ¿en el Mercantil o en el Labradores?

F: En el Mercantil.

José Antonio

F: Yo tengo un problema que es mucho más trágico si cabe que el que no te dejen entrar, que es que no te dejen salir, que es peor.

C: Hombre, explíquemelo eso porque...

F: Sí, bueno, yo antes era repartidor y repartía en muchos lugares oficiales. En Madrid llegué un día a un ministerio y al ir a entrar digo: «Vengo a entregar una cosa para este señor.» No iba el ordenador y me dijo el guardia civil: «Pasa, pero sal por la misma puerta.» Total, que meterse en un ministerio es dar vueltas a lo tonto. Una hora buscando a este señor, nadie sabía quién era y venga a visitar despachos. Cuando fui a salir se ve que habían cambiado la guardia. Yo me iba por la puerta cuando me cogió por detrás, por el pescuezo, un guardia civil, un sargento con el bigote más grande que había visto en mi vida, y me dijo: «¡A ver, pase!» Y yo: «¿Qué pase?» «Pues si no hay pase, usted no sale». Y digo: «Pero oiga, si yo he entrado por esta puerta. Me han dicho que pase...» Todo esto era a las diez de la mañana. Bueno, pues eran las cuatro y media de la tarde. Y otra, bueno, por eso dejé este trabajo, es una vez que fui al CESID y me pasó lo mismo. Vi la dirección... Además, la cosa curiosa es que ponía Clínica Veterinaria no sé qué, la calle, que no la voy a decir... Me fui con la furgoneta corriendo de tal suerte que yo ni miré el cartel ni nada, me metí con la furgoneta para dentro y me sacaron de dentro en volandas. Allí tuvo que venir mi jefe a sacarme por la noche cuando yo no aparecí.

C: Pero vamos a ver, ¿usted no sabía que iba al CESID?

F: No, no, allí ponía en el paquete Clínica Veterinaria no sé cuantos y la dirección. Y yo no vi la puerta ni a un señor que me decía: «¡Quieto ahí!» Yo pasé hasta dentro, hasta que la furgoneta se topó con unas barreras enormes y dije: «Pero bueno, ¿esto qué es?» Pero claro, no me dio tiempo a pensarlo prácticamente y ya estaba en el calabozo.

C: Y entonces, ¿cuánto tiempo le tuvieron ahí dentro?

F: Pues hasta que conseguí demostrar que yo era yo porque eso me resultó difícil. El señor que me atendió, que no sé si era guardia civil o qué sería, me dijo: «Aquí tiene usted que demostrar que usted es usted.» Y digo: «¡Pero por Dios, si le estoy diciendo que yo soy yo!» Un diálogo para besugos. Y me dieron de comer, ¿eh?

C: ¡Ah!, le dieron de comer.
F: Sí, sí.
C: ¿Qué llevaba usted en el paquete?, por mera curiosidad.
F: Pues no lo sé porque iba cerrado. No tengo ni idea.
C: Lo cogieron enseguida, claro.
F: El paquete y todo. Vamos, ¡me dejaron en calzoncillos!

• DÓNDE HA LLEGADO, ¡QUIÉN LO IBA A DECIR!

Isabel

F: Yo te quería contar la historia de mi hermano. Mi hermano Armando, con cuatro años, se bebió una botella de Málaga Virgen y el pobre casi se muere, gracias a Dios no. Y toda la familia pensamos que todo lo que le pasó después era consecuencia de la botella famosa. Él estudió muy mal, apenas acabó el bachillerato, era muy desastre, muy desobediente... Pero yo te cuento la historia porque es admirable la estrella que tiene. Es de esa gente que dices: «Es que ha caído en el mundo y ha caído bien.»
C: Sí, un parterre en su esfínter anal.
F: Todo el mundo pensaba que no llegaría a nada pero el tío ha hecho un montón de cosas en la vida. Por ejemplo, estuvo en el equipo olímpico de bosleigh español porque, por lo visto, tenía un amigo que le enchufó. Claro, como usted comprenderá, el bosleigh, que es ese trineo que baja por un túnel de hielo, aquí no se practica. Así que voluntarios, pues apuntados van. Y estuvo tres o cuatro meses de gorra en Italia en Cortina d'Ampezzo, que creo que es una estación de lujo. Al cabo del tiempo entró en Telepizza de motero, de lo último que se entra, y a los pocos meses ya estaba en Canarias dirigiendo una tienda y además le invitaron a la final de la

Copa de Europa que se celebró en París con dos equipos españoles.

C: Sí, el Valencia y el Madrid.

F: Porque vendió más alitas de pollo que nadie. ¡Esa es la historia de mi hermano!

C: ¿Y ahora qué hace su hermano Armando?

F: Mi hermano está ahora mismo en una empresa montando franquicias.

C: ¡Málaga Virgen!

F: Vive muy bien. ¡Hombre!, yo me alegro porque es mi hermano y le quiero mucho. La botella parece que le iba a marcar y al final yo creo que ha sido para bien.

C: Habrá que tomar Málaga Virgen todos los días. ¡Ves tú cómo una copita de Málaga Virgen va bien siempre!

Javier

F: Este era un chico que el apodo que le manteníamos era «El potrón» porque no era capaz de decir protón y decía potrón. Y se quedó con «El potrón» para toda su vida. Físicamente era chiquitito, delgadito... y cuando alguien describía al hombre de Neanderthal nos fijábamos y decíamos: «¡Coño, si es igual que este!» ¡La misma cara que el hombre de Neanderthal! Le perdí la pista y un día, tendría unos veintitantos años, paseando por la Dehesa de la Villa, veo un corrillo de gente y me encuentro a alguien que está subido en un poste de estos de la luz dando vueltas en la boca. Me acerco a ver quién es y era «El potrón». Y le digo: «¿Qué te pasa a ti?» Y me dice: «Es que me he hecho portor de circo.» Y le contesté: «¿Pero qué dices?» ¿Os acordáis de las cadenitas de los coches para que no se marearan?

C: Sí.

F: Pues el padre la tenía porque el niño, en el momento en el que se subía a un coche, echaba unas vomitonas impresionantes. Bueno, pues se hizo portor. Le fui a ver al circo en las Navidades a un avión de esos que dan vueltas y acabó aquel hombre de Neanderthal, «El potrón», colgado con una señorita de la boca dando vueltas y girando como loco de izquierda a derecha. ¡Pero es que es un hombre que vomitaba cuando se mareaba!

C: ¿Y le ha seguido usted la pista? ¿Sabe si sigue en el mundo del circo?

F: No, la última vez que le vi fue en aquel circo. Le saludé, le vi contento y feliz, ya no se mareaba, seguía con la misma cara, seguía sin poder decir protón y me imagino que será eso, si no se ha dejado la cabeza en uno de los mareos.

Manuel

F: Mi historia es sobre una compañera de colegio que destacaba por su físico pero al revés.

C: Era feílla.

F: Delgada, extremadamente delgada y su mote era «La pata canario».

C: «La pata canario.»

F: Sí, por la delgadez. Y esta compañera era Esther Arroyo.

Naranjo: ¡Qué buena visión!

C: ¡Pues ya ve usted! Y ahora cuando la ve usted, ¿qué piensa?

F: Ni me mira.

C: ¿Cómo que ni le mira?

F: ¡No me conoce, hombre! Cada uno ha seguido su vida. Yo la conozco porque ella ha tenido su fama. No es que no me mire por desprecio, simplemente porque no se acordará.

C: Claro, no se acordará. ¡Atención, Esther! Si nos estás escuchando, que yo sé que nos escuchas algunas tardes, que Manuel se acuerda cuando eras extremadamente delgadita y luego, ¡ya ven ustedes!, la gente crece.

El cochecito leré...

Alguien se ha entretenido en contar el tiempo que pasamos en la cama: las tres cuartas partes de nuestra vida. Otra persona debería calcular el tiempo que pasamos en el coche. Sobre ruedas, con un volante en la mano, los cristales nos separan del mundo, pero, como en el caso de los taxistas, a veces el mundo entero entra dentro: cientos de vidas pasan por su coche y además de ser chóferes eventuales, son psicólogos, guías turísticos, técnicos de urgencia, pinchadiscos serviciales, hombres del tiempo e incluso reporteros de fútbol.

Pero a nuestros taxistas no sólo les entran maletas en el vehículo. Las aventuras que a continuación se narran son de inimaginable calibre. Están a la altura de aquel hombre que recibió una multa de tráfico en Pamplona, sin ser ni haber estado nunca en Navarra, sin tener carné de conducir y para más inri, sin tener ojos para ver.

- COCHES «DIFERENTES»

Pedro

F: La historia es de un señor en una estación de esquí donde yo residí durante varios años. Este señor tenía una tienda bastante famosa en esta estación. Se divorció de su mujer y con la parte proporcional que él pudo recaudar se compró un Ferrari Testarosa. Al día siguiente le vimos por la calle, todo lleno de nieve y él con su Ferrari Testarosa intentando subir la calle para arriba. Todos estábamos sorprendidos cuando en la parte de atrás de este precioso coche tenía los dos conejitos tipo Roger Rabbit y un gran cartel que ponía «Turbo». Esto sí que me pareció hortera y cuando he oído su programa digo: «Para hortera, éste.»

C: ¿Pero cómo se puso «Turbo» en un Ferrari Testarosa?

F: Pues te lo aseguro. Además se quedó sin dinero, ¿eh?

C: ¡Madre mía! Si el coche es espectacular por sí solo, el coche llano, que no necesita nada más.

F: Sí, pues lo añadió, lo añadió.

C: «Turbo», ¡qué bonito!

• EL EXAMEN DEL CARNÉ DE CONDUCIR. Y VAN...

José Manuel

F: Estábamos ocho, hicimos ocho papelitos y me tocó a mí el último. Se salía de un sitio que se llamaba Soto Lezcairu. Cuando llegó el profesor con el coche me monté para examinarme. El examinador era un hombre muy mayor y estaba ya hecho polvo; estaba frito porque llevaba toda la mañana en el automóvil. Me dice: «Puede usted salir.» Salí y el hombre no me decía nada y yo pa'lante, pa'lante. Había una salida, una rampa con un ceda el paso que ya lo han quitado pero que era muy malo. El profesor decía: «Aquí no suelen traer porque es un ceda el paso muy malo.» Pues yo derecho al ceda el paso. Salí de Pamplona, bajé para Burlada, el hombre no decía nada y yo no quería mirar para atrás. El profesor me miraba: «Tú tira, tira.» Cruzo Burlada, cruzo Villava, cruzo Arra, me incorporo a la nacional de Irún y todo pa'lante. Y ya dice el profesor: «¡Para, para, que nos vamos a Francia!» Y ahí paramos y ya le despertamos.

Gonzalo

F: Mi padre empezó a sacarse el carné hace veintitrés años. En el teórico, en Puertollano, empezó con unas veintitantas largas. No aburrido, decía que los examinadores de allí eran muy malos, se fue a Ciudad Real. En Ciudad Real estuvo entre diecisiete y dieciocho veces. A todo esto, nosotros conocíamos al dueño de una autoescuela en Alicante y le animó a que se fuera allí. Este señor le dijo que se fuera a su casa, que en un mes le daba el carné, le daba todo. Nosotros teníamos una tienda de jamones y quesos por lo que a cada examen que iba, jamones y quesos que se llevaba. Esto de los jamones y quesos empezó en Puertollano. Pasó un mes, pasaron dos meses, pasaron tres y a todo esto dinero, dinero, dinero, dinero y examen, examen, examen, examen. Al tercer mes, el dueño de la autoescuela, yo no sé si cansado ya de tenerlo en su casa o que veía que no tenía soltura, le dijo: «Mira, yo creo que esto ya se está pasando de castaño oscuro. Vete a otro sitio o dimite.» Mi padre, que es muy tozudo, dijo: «Yo no voy a dimitir ahora.» Entonces se vino otra vez a Puertollano y aquí empezó otra vez. En Puertollano tampoco se lo sacaba. Entonces le hablaron de Peñarroya, que es un pueblo de Córdoba que está cerca de la provincia de Ciudad Real. Allí hotel, otra vez la matrícula, otra vez a empezar clases, se llevó jamones y quesos... Allí estuvo otras siete u ocho veces. ¡Oye!, todo lo que os estoy contando es verídico y sin exageraros ni lo más mínimo. En Peñarroya, después de estar otras siete u ocho veces y de gastar muchísimo dinero, se fue otra vez a Alicante. En Alicante estuvo otros dos meses pero ya el dueño, que era un cielo, no le ofreció su casa y se tuvo que ir a un hotel. Allí este hombre le dijo: «¿Sabes qué vamos a hacer? En vez de un quesito que te traías (esto él no me lo ha contado. Si me está oyendo, me matará. Yo lo sé porque el dueño de la autoescuela me lo contó), ¿por qué no te traes un par de jamones y vamos a coincidir con un examinador a ver si ya por fin te lo dan? ¡Pues un par de jamones para el examinador! Yo creo que era conocido del dueño. Pues después de toda la peripecia, mi padre se sacó a la segunda vez los tests en Alicante.

C: ¡Ah, todavía vamos por el test!

F: Sí, se sacó el test. Cuenta ciento y pico de veces entre las dos de Alicante, Ciudad Real, Puertollano y Córdoba. Allí se sacó el test pero era imposible sacarse el carné. Te estoy hablando de hace veintitrés años y se gastó más de medio millón de pesetas.

C: ¡Es de Guinness! ¿Y cómo le fueron las pruebas de volante después?

F: Es que si te cuento lo del volante... En Alicante no se lo pudo sacar. Se vino otra vez a Puertollano y se lo sacó entero a la duodécima.

C: Y el día que tuvo su padre el carné en la mano, ¿cómo lo celebró? Abrió un jamón, detestó el jamón para siempre... ¿qué pasó?

F: Nosotros nos quitamos una carga y un gasto porque tenemos una tienda de jamones y quesos. Nos ha creado tal trauma desde entonces que ningún hermano tenemos el carné.

Pedro

F: Yo a la primera y todos los carnés. El problema es mi mujer. La semana que viene se presenta la vez número treinta y uno.

Lorenzo: ¿Y dinerito?

F: ¡Espantoso! Me tiene en la ruina. Pero bueno, estamos contando con la ayuda de sus padres porque en vista del gasto tremendo que es esto... Me estoy planteando que se quede sin sacar el carné de conducir y yo la llevo a comprar a los sitios, que me siga usando de mulo de carga porque me sale más rentable.

C: ¿Pero por qué es tan poco habilidosa su señora?

F: Es muy despistada. El teórico lo saca siempre a la primera porque, claro, los papeles le caducan, le caduca el tiempo... El teórico no tiene problema pero en cuanto se sube detrás del volante con un examinador digamos que se atocina. La primera vez no había salido del recinto de Tráfico en Madrid y ya estaba suspensa porque en el paso de peatones atropelló a uno, le pilló los pies. A la salida de Tráfico hay una glorieta y otra vez le dijo el examinador: «Seguimos de frente.» Y ella siguió de frente... saltando la glorieta. Otra vez, en el examen le dijeron: «Aparque usted a la derecha.» Y no encontró otro sitio para aparcar que encima de un paso de peatones.

C: ¿Y usted le deja practicar con su automóvil en algún circuito cerrado, le enseña cosas?

F: Cuando voy conduciendo le explico. Presta mucha atención pero luego, cuando se pone detrás del volante es como si se sentara en un garrote. No mira espejos, no mira nada.

José Francisco

F: Mi mujer lo sacó a la primera y a la tercera, igual que yo. Pero tenía un problema, que le temblaba la pierna. La pierna del embrague le temblaba cuando el examinador le decía que arrancara. En los demás días no pero en el momento que iba a hacer el examen le temblaba. Por lo visto es hereditario porque a su tío le pasó lo mismo.

• MULTAS ABSURDAS

José Antonio

F: Una cuestión impertinente antes de comenzar, por favor. ¿Dejó usted el régimen?

C: Un poco.

F: ¿Un poco? Dígalo bien fuerte que es que mi mujer le estará escuchando en el trabajo y como usted se puso a régimen, yo también.

C: ¿Cómo se llama su señora?

F: Marisa. Dígale: «Marisa, por favor, que un chuletón con patatas de vez en cuando es bueno.»

C: Marisa, hoy me he tomado una morcillica que me han enviado del pueblo y un poquito de choricico que me han enviado. Es decir, que no pasa nada. Un poquico de vez en cuando no pasa nada.

F: Muy bien. Muchas gracias, se lo agradezco porque estoy harto de acelgas.

C: Y entonces, dígame, señor.

F: A mí me pusieron una multa en el año noventa y nueve en Pamplona en la cual supuestamente me había llevado el coche la grúa al depósito municipal y yo lo había retirado, con mi documentación, se supone. La multa es de 20.000 pesetas. El caso curioso es que, primero, yo no he estado nunca en Pamplona; segundo, no tengo coche; y tercero, soy ciego.

C: ¿Cómo? No puede ser verdad.

F: Sí, soy ciego. Yo me presenté en Pamplona y me han puesto una multa por faltarle el respeto al guardia con el que estuve hablando porque le dije: «Pero vamos a ver, insensato, yo cómo me voy a ir conduciendo.» Y no se lo creyó pese a documentos que he presentado.

C: Pero es usted ciego evidente, es decir, que se ve que es usted ciego, que se nota.

F: ¡Hombre, claro, si fui con la ristra de cupones colgando!

C: Pero vamos a ver, José Antonio, usted llega a decir: «Oiga, que yo no he sido.» Y qué le dicen.

F: Vivo en Madrid. Yo tuve que ir a Pamplona porque me embargaban la cuenta. Yo fui a Pamplona a decir: «Vamos a ver, señores, pero esto ¿cómo es posible? Yo no dudo que ustedes se hayan llevado un Nissan Terrano de alguna persona pero, evidentemente, yo no he sido. Además, ¿cómo me voy a ir yo conduciendo un coche? ¡Eso es una temeridad! Eso sería como la película *No me chilles que no te veo.*»

C: ¿Y no le creyeron a pesar de verle?

F: No, no me creyeron. Tanto es así que para que no me embarguen la cuenta he tenido que ponerlas todas a nombre de mi mujer.

C: ¿Y no se ha podido solucionar al final?

F: No, no, están encabezonados en que primero pague y luego ya hablamos.

José

F: Yo soy camionero y la multa absurda que me han puesto fue por reírme.

C: ¿Cómo que por reírse?

F: Por reírme, sí, por reírme. Soy de Sevilla pero vivo en Madrid hace tiempo. Estuve descargando en Alicante, iba a Cartagena a cargar y en el transcurso del viaje me hicieron una parada de esas que hacen de control de transporte. Había unos pocos camiones allí. A mí me estaban pidiendo el tacógrafo y todo eso y a un portugués le hicieron abrir la parte trasera del tráiler, del remolque, y con el aire que hacía pilló al guardia civil entre la puerta del remolque y la carrocería del tráiler. Todo el mundo callado, asustado y yo allí riéndome. Claro, la gorra del guardia civil por un lado, el guardia civil tumbado en el suelo, yo riéndome... Y cogió y por faltar a autoridad me puso diez mil pesetas de multa.

C: O sea, le metió un puro, directamente.

F: Sí, sí. Eso ya se recurrió y no me ha vuelto a venir. Cuando se lo cuento a la gente me dicen que es cachondeo.

C: ¿Pero usted se rió muy notablemente?

F: Yo sí, claro, ¡qué quieres que te diga! Los otros se quedaron asustados, blancos y yo me desternillaba de risa. Me volví para atrás pero el otro me vio reírme y me dijo: «Pero hombre, cómo te ríes si este hombre se ha podido matar.» Y le dije: «Pues yo qué sé, me ha dado por reírme.»

C: Y entonces el otro se enfadó, ¿no?

F: ¡Uy! Al hombre le levantamos del suelo como pudimos y un compañero me dijo: «Chico, cómo se te ocurre reírte». Y yo dije: «Yo qué sé. Al hombre no le ha pasado nada ¿no?» Y dijo: «No, ¿y si le hubiera pasado?»

C: Si una puerta de un tráiler se abre, hace daño, ¿no?

F: En la cara no le hizo daño porque le pilló con la lona. En la parte trasera de la nuca sí porque era la puerta. ¡Es que hacía mucho aire aquel día!

Lola

F: Este caso me lo contó mi primo. Resulta que es espeleólogo e iban a un pueblecito de Valencia y siempre dan parte a la Guardia Civil por si les pasa algo. No sabían por dónde tenían que ir a las cuevas y la pareja de la Guardia Civil se ofreció para acompañarles. Total, que van con el coche y ven a un tío a toda pastilla. «Me cago en la porra. ¡Mira cómo van estos domingueros!» A los diez segundos, otro. El guardia civil se mosquea, se baja y empieza a parar: «¡Usted, documentación!» «¿Cómo que documentación?» Pasa otro a toda pastilla: «¡Documentación!» El tío había parado a toda una carrera de rallyes que se estaba disputando.

C: ¡No puede ser tan bonito! ¿A toda una carrera de rallyes?

F: Sí, sí, a una carrera de rallyes. Tenía a ocho o diez coches todos parados en la carretera y baja otra pareja de la Guardia Civil que era la que había cortado el tráfico. Y dice: «¿Pero no os han dicho nada?» Y contesta. «Os lo dicen a los de tráfico, a los demás no nos dicen nada.»

C: ¡Pobrecitos!

F: Todo el mundo partido de risa allí.

Naranjo: Al que iba primero no le haría mucha gracia.

Jaime

F: Yo tengo un taxi en Palma de Mallorca. Cojo un cliente y le llevo al paseo marítimo. Era una señora mayor, tenía dos maletas pesadas y le digo: «No se preocupe, yo le ayudo hasta el ascensor y le subo las maletas.» Dejo el taxi aparcado en una parada de taxi y cuando bajo me encuentro una denuncia por aparcar el vehículo en zona de taxis.

C: Y diría usted que fue un taxi, ¿no? Y se la quitaron.

F: Pero si el taxi de Palma de Mallorca es blanco y negro y tiene un número y tiene un taxímetro y tiene de todo, ya me explicará usted cómo no van a saber si era un taxi. Por aparcar vehículo en zona de taxis.

C: Pero se la quitaron inmediatamente, me imagino.

F: ¡Qué van a quitármela! Hice recursos y cosas de estas.

C: O sea, ¿tuvo usted que pagar la multa?

F: No, no, no la he pagado. Ya veremos cuándo me la cobran. A lo mejor me embargan el coche por no pagar la multa.

• EN LOS TAXIS NO SÓLO ENTRAN MALETAS

José María

F: Yo no soy taxista, mi profesión es conductor de autocares, tengo a mi padre dentro de ella que tiene unas anécdotas... Hay una que la cuenta siempre en todas las comidas, cenas y demás. Y consiste en lo siguiente. Antaño él tenía un 1500 de estos que tenían el asiento delantero corrido. Le paró un enano ¡con una borrachera como un piano, Carlos! El enano se subió, dijo el destino a mi padre, mi padre encalomó al destino y en un cruce, en una intersección, un coche se cruzó y mi padre dio un frenazo de aúpa. Después del frenazo y la correspondida discusión con el otro conductor, miró para atrás y el enano ya no estaba. Mi padre dijo: «Ya está, éste con la borrachera se ha pegado un susto, ha cogido la puerta, se ha bajado y aquí me ha dejado.» Paró el taxímetro, continuó con su marcha y le paró una pareja un poquito más para adelante. Subió la pareja al coche, le dijeron el destino y otra vez lo mismo. Mi padre notaba que la mujer le iba diciendo al novio cosas y miraban con mala cara a mi padre. Mi padre mosqueado. En una de estas la mujer cogió: «¡Pumba!», y le arreó un tortazo a mi padre de aúpa. Mi padre, sin saber de qué iba la historia, se quedó con el guantazo y continuó. No le pagaron la carrera, por descontado, y en la siguiente que le paró se subió una mujer y dijo: «Oiga, ¡que usted tiene alguien aquí abajo!» Resulta que en el frenazo el enano se había metido debajo del asiento y se habría quedado dormido o vete a saber qué.

C: ¿Y cuando acabó la carrera qué le dijo el señor bajito?

F: ¡Nada, nada! Se bajó mi padre y le dijo: «Pero hombre, ¿qué hace usted?» Se echaron a reír y el otro: «Pues nada.» A todo esto imagínate que a lo mejor pasaría media hora el enano con la bolinga que llevaría.

Antonio

F: Lo mío fue en el año sesenta y siete en Bilbao. Yo trabajaba el taxi y me llamaron del hospital de Basurto. Fui, me sale la monjita y me dice: «Mire, va a llevar un enfermo a Logroño que está muy delicado. Vaya usted con cuidado.» Efectivamente, allí me sacan un buen señor de dos metros en una silla y el tío estaba más tieso que yo. ¡El tío estaba muerto! Me lo ponen en el asiento de atrás, era un 1500 pero no de asientos de estos corridos, eran ya más modernos, y los dos hijos al lado que eran igual de grandes. Arranco y en la primera curva el señor se me viene para adelante y mete la cabeza entre los dos asientos. Y yo por el espejo retrovisor le veía con los ojos abiertos, ¡madre mía! Cogí, le empujé para atrás y se puso en su sitio. Otra curva: «¡Pumba!», otra vez. Ya le digo a los hijos: «Oye, tened cuidado con vuestro padre que se va a joder los dientes aquí contra el asiento.» Pues así fui hasta Logroño. Cada curva que cogía, el señor se me venía para adelante: «¡Pumba!», contra los asientos. Y los hijos dormidos como roques. Claro, se conoce que habían estado con el padre que había muerto. Y así fui hasta Logroño. Cuando llegué a Logroño me dice: «¿Qué le debo a usted?» Y entonces era la carrera 3.500, pero lo había pasado tan mal y estaba tan cabreado que le digo: «5.000.» Y dice: «¡Oiga, pero es que...!» Y le contesto: «Sí, mire usted, es que son 3.500 por la carrera y 1.500 del funeral.»

C: Pero dígame una cosa, Antonio, ¿estaba muerto el señor o no estaba muerto?

F: ¿Qué si estaba muerto?, ¡coño, que olía! A mí me dio la impresión de que estaba muerto pero claro, es de esas cosas que no te atreves a decir: «Oiga, que éste está fiambre.» Entonces lo llevas y con una carrera muy bonita, y ¡coño!, lo llevas. Pero yo contaba con que los hijos le iban a sujetar. No, no, cada curva el señor con la cabeza para adelante. Además, tenía unos ojos azules... Yo los veía por el espejo retrovisor y te tiraba para atrás. El hombre no podía hacer más, si estaba muerto el pobre.

C: Claro, ¡qué iba a hacer!

José

F: No sé si conoces algo aquí, por Galicia. Hace dos años había unos mercados y aún sigue habiendo algunos, que eran como ferias pero cubiertas. Tenían tenderetes dentro. Pues iban todos los paisanos un día a la semana. Yo estaba en una parada que estaba cerca de un mercadillo de esos y que tenía una entrada bastante angosta. Empezó a llover muchísimo, un chaparrón impresionante, me viene un paisano con una boina y me dice: «¡Oiga, señor!, ¿puede dar para atrás?, que le quiero meter ahí unas cosas en el maletero.» Y le dije: «Sí, hombre, sí.» Y dice: «No se preocupe, usted no baje que está lloviendo mucho y ya le pongo yo todo dentro del maletero.» Pues así lo hice. Le di para atrás como pude y el señor abre el maletero. La señora era una paisana con su pañueleta, vestida de luto. Entra en el taxi, se sienta detrás... ¡a propósito!, el taxi era un Seat Ritmo, ¿te acuerdas?

C: Hombre, ¡qué bueno era de motor aquel coche!

F: El paisano empieza a meter cosas para dentro y yo veo que en un momento dado el coche desciende bastante de la parte trasera, como si se hubiese metido una carga bastante considerable. Se sube, cierra el maletero y dice: «Lléveme a tal sitio.» Y resulta que llegamos a una cuesta muy empinada. Empiezo a tirar, a tirar, a tirar, y de pronto siento como si alguien roncara. Miro por el espejo retrovisor, miro a la señora, miro al señor y los dos estaban despiertos. Y otra vez el ronquido pero ya bastante más considerable. De pronto, por la bandeja trasera del Ritmo, que era flexible, empieza a asomar el hocico un cerdo. Empezó a pegar berridos y por la bandeja entró en el coche. Mira, te puedo asegurar que pesaba por lo menos 70 kilos. ¡Me puso el coche de mierda!

C: ¿Y qué hizo usted finalmente con el cerdo, con la señora y con el caballero?

F: Estábamos casualmente llegando a la casa del señor y como pudieron agarraron al cerdo: «Mire, jefe, pare ahí.» Allí paré. Sale el cerdo, sale el señor, la señora y todo lleno de mierda. El pobre cerdo se debió cagar todo. El coche no te lo puedes ni imaginar. Pero bueno, eran buenas personas. Yo ya no sabía qué hacer, si reírme, llorar, marcharme, dejar el taxi y abandonar el oficio... La señora llamó a tres o cuatro hijos que tenía; me lavaron el coche de arriba a abajo, por dentro, por fuera, me lo dejaron impecable. El hombre me dio un buen dinero y me pidió perdón.

*Como en casa no se está
en ningún sitio*

El título de este capítulo de llamadas me recuerda a un genial amigo mío que me decía: «Carlos, desengáñate: como fuera de casa, en ninguna parte.» Difícilmente lo compartirán aquellos oyentes que nos dejaron testimonios como estos: describen ellos sus viajes a países exóticos con la minuciosidad de un gran contador de historias.

• Lugares para olvidar

Pedro

F: Todos los años me he ido a la playa, pero resulta que un año en concreto me fui con mi 127 y mi remolque a la playa desde Talavera de la Reina y antes de salir de la provincia de Toledo tardé en salir día y medio por problemas eléctricos, pinché dos veces, reventé otras dos... Llego a la playa y nos cae una tormenta tremenda en Oropesa del Mar. Puse un plástico por el remolque porque se nos podía mojar, total, que al final no se nos mojó. Nos fuimos después a Salou porque tenía que visitar en Barcelona a un médico y en Salou nos cayeron noventa litros por metro cuadrado. Esto en el mes de julio. Yo por la playa con mi mujer buscando un impermeable para mi hijo. Claro, se reían de mí. Hay una plaza en Salou que me parece que es la plaza Europa que allí a los coches les había entrado agua, porque Salou está al nivel del mar y cuando cae agua se queda, no tiene alcantarilla. Quedaba medio metro de agua que cubría y entraba por los tubos de escape y se quedaban los coches en mitad de la autovía, de las carreteras y en mitad de todos los lados. Se me empapó el remolque pero tengo familia en Tarragona y digo: «Esta es mi salvación.» Voy a buscar a mi familia y todos estaban de vacaciones.

Naranjo: Pensé que se habían ahogado.

F: Menos uno. Fui a por él y a las once de la noche no estaba y decidí irme a un hotel. Al final llegó, dormimos en su casa y muy bien. Pero llamo para visitar al médico que me tenía que visitar y yo oía un ruido muy raro en el coche. Cada vez que aceleraba sonaba un ruidito muy raro pero seguí conduciendo. Aparte de que había pinchado y reventado muchas veces más de las que me pasaron en la provincia de Toledo. El médico que tenía que ir a visitar resulta que le trasladan del hospital y el nuevo lo primero que hizo fue pillarse vacaciones. Entonces no pude ir al médico. Salgo hacia Talavera, me voy por Zaragoza, entro en la autopista y a diez kilómetros se me cortan los tornillos de la rueda de atrás del remolque. Tardé día y medio en llegar a Talavera.

C: ¿Y guarda usted un buen recuerdo de aquel viaje?

F: Muy malo, malísimo.

Naranjo: Creo que Carlos Sáinz le quiere fichar de copiloto.

F: En Lérida mi mujer se comió una empanada y le sentó mal. Echó una vomitona al lado de los pies de un taxista en Madrid...

Sonia

F: Voy a contar mi viaje a Vietnam hace cinco años.

C: Una cosa cerquita.

F: Sí, muy cerca. Salimos con seis horas de retraso del aeropuerto de Barajas. Cuando ya llegamos a Malasia nos dejaron tirados doce horas en una habitación porque no teníamos visado. Al cabo de doce horas nos embarcan en un avión tercermundista y teníamos que llegar a Ho Chi Min. Pero entraba un huracán y nos desviaron a Hanoi. Cuando llegamos a Hanoi, es un aeropuerto muy pequeño, no había nadie para recogernos porque nos estaban esperando en Saigón, en Ho Chi Min. Nos metieron en una habitación durante doce horas hasta que alguien se enteró que estábamos allí. La gente de allí es encantadora pero no habla nadie inglés. Son militares y nos dieron su poca agua y su poca comida. Al cabo de doce horas nos sacaron, nos llevan al hotel y al día siguiente nos llevan a Bahía Halon. Fuimos en un barquito a dar una vuelta por allí y llegó el huracán. Tardamos como seis horas en llegar porque las olas eran alucinantes. Llegamos al hotel y nos metieron en un cuarto durante tres días, bajo tierra, hasta que pasó el huracán. Cuando ya pasó el huracán estaba todo destrozado, lleno de agua... Nos metieron en un autobús que recorría carreteras y cada dos por tres se pinchaba, tenía avería... Llegamos a Dan Han y teníamos en la excursión unos barquitos que son redondos, como cestos gigantes, y nos meten a los veinte turistas españoles en la barquita a dar una vuelta con la mala suerte que dio con una piedra, se produjo una boca de agua y los veinte turistas españoles y el guía todos hundidos, pero con la mala suerte también que estábamos al lado del colector de agua residuales, que allí no son tratadas. Encima había una crecida de agua.

C: ¿Y se detectaba en el agua algún tipo de masa flotante?

F: De todo. Yo lo recuerdo ahora y me pongo mala.

C: ¿No llegó usted a tragar nada?

F: No, no, no... Pero ahí no acaba todo. Cuando llegamos a Saigón, el maldito huracán que subía y bajaba nos volvió a perseguir y nos volvieron a tener como doce horas en el aeropuerto. Y había otro avión de americanos que salían de Ho Chi Minh. En una habitación pequeña acabamos con todos los bocadillos del aeropuerto, con todas las Coca-Colas y si ves a unos cincuenta americanos jugando al mus...

C: ¿Al mus?

F: Al mus. Porque ¿qué haces durante tantas horas? Les enseñamos a jugar al mus.

C: Y Sonia, una pregunta. ¿Usted ha oído hablar de Chipiona, que queda muy cerquita y está muy bien, fríen el pescado de maravilla y hay una playa extraordinaria?

F: Y luego falta la vuelta. En Malasia, en Kuala Lumpur, el guía perdió nuestro pasaporte, que iba en un paquete. A los veinte españolitos nos dejaron durante tres días dentro del aeropuerto. Algunos pudieron coger antes el avión pero otros no. Entonces la Embajada española me hizo un pasaporte en el cual pone que yo digo que soy yo.

• LUGARES INOLVIDABLES

José Manuel

F: Fui a Tailandia, donde quería ir la primera mujer que ha llamado.

C: ¡Anda! ¿Y qué tal lo pasó en Tailandia?

F: Pues lo pasamos muy bien porque era un viaje que era lo que queríamos. Todo el día estabas pa'rriba, pa'bajo... Por la noche, como ibas de viaje de novios, pues también tenías que hacer algo. Nos lo pasamos muy bien. Estuvimos en Bangkok los primeros días y luego estuvimos en el norte de Tailandia haciendo el Triángulo de Oro y nos apuntábamos a todo.

C: ¿A qué se apuntaron ustedes?

F: Una fue una anécdota muy graciosa porque esa excursión no estaba. Le dijimos a nuestro guía que nos llevara a ver un espectáculo que por lo visto está prohibido allí, en el que las mujeres sacaban cosas extrañas de sus partes.

C: ¿Qué tipo de cosas sacaban de sus partes?

F: Pues de todo, hasta te abrían la Coca-Cola.

C: ¿Con los labios menores?

F: O los superiores, ¡da lo mismo!

C: Ya, ya... ¿Pero cómo que abrían la Coca-Cola? Es decir, ¿abrían la chapa?

F: Sí, sí, la chapa, la chapa.

C: De rosca o de presión.

F: No, no, de presión, de presión.

C: Y, dijéramos, se introducían el cuello de la botella...

F: Sí, pero yo creo que tenía truco.

C: ¿Tenían un abrelatas dentro o qué?

Naranjo: ¿O un enano metido?

F: Estábamos nosotros en primera plana que nos tocó y es que era la hostia porque creíamos que tenía el abridor metido dentro y se ponía en una postura muy rara y cogía y achuchaba y lo abría.

C: ¿Y qué más virtudes hacían con su parte?

F: Otra muy curiosa era que cogía y lanzaba unos globos. Tenía unos dardos metidos dentro y los expulsaba y explotaba el globo.

C: Es decir, el dardo lo tenía dentro colocado y el globo a una distancia prudencial.

F: Sí, prudencial, claro.

C: Y entonces, con una contracción interna...

F: Lo expulsaba y lo clavaba.

C: Como para enfadarse con ella en algún momento, ¿eh?

F: ¡Como para que tuviera dentro otra cosa!

C: ¿Qué más hacía?

F: Pues un montón de cosas porque hasta incluso hicieron allí mismo el acto, que eso es lo que menos nos gustó porque no nos creíamos que íbamos a ver porno en directo.

C: ¡Qué asco! ¡Qué asco! ¡Qué asco! Quite, quite, quite... ¿Y qué más hacía además del acto?

F: Otra cosa muy rara es que la Coca-Cola que abría era de color clara, o sea, que no era Coca-Cola, era como agua. Se la introducía dentro y luego la meaba y la echaba negra del color de la Coca-Cola.

C: ¿Y alguien probó esa Coca-Cola?

Naranjo: ¿Salía con ginebra o sola?

C: ¿Tenía una máquina expendedora dentro o algo, una manguera...?

F: Otra se sacaba cuchillas y era todo el rato muchas chicas, iban turnándose y podían tirarse toda la noche dando vueltas. Y giraban siempre haciendo el mismo espectáculo. Así que si querías te podías tirar toda la noche viendo el mismo espectáculo.

C: ¿Había alguna que, por ejemplo, se introducía un plátano sin cáscara?

F: Sí, un plátano, y lo expulsaba también.

C: ¿Y lo expulsaba directamente a la boca de alguien?

F: No, no.

C: Y dígame, ¿ella elevaba un poco la pelvis para que pudiera entrar el contenido de la Coca-Cola?

F: Hombre, ¡claro!

C: Y luego hacía como que soltaba todo el contenido de la Coca-Cola en la Coca-Cola, ¿no?

F: Me parece que ha estado usted ahí también, ¿eh?

C: Sí, sí, es que he estado en el mismo sitio.

Naranjo: ¡Te han pillado macho!

C: Pero es que yo vi a uno que lo probó porque no se fiaba.

F: No, pues allí no, además yo estaba de los primeros y yo como que no.

C: Se veían muy buenas muchachas, ¿eh?

Naranjo: Para casarse con ellas.

C: No, pero muy de buena familia, muy de familia de Tailandia de toda la vida, muy de misa, de Buda, de los domingos...

F: Allí decían que había o la típica tonta que era la que estaba trabajando a lo mejor en los hoteles, que los hoteles sí que eran buenísimos, o la típica, la guarra, que lo hacía porque era como una profesión y le gustaba. Allí la pornografía infantil es...

C: No, eso es ya más dramático... Pero, lo del dardo me tiene muy interesado.

F: ¿No lo vio?

C: No, lo del dardo no lo vi.

F: Pues sí que lo había.

C: Y luego, ¿quiso usted experimentar en carne? No, no, no, no, no... hasta ahí podríamos llegar.

F: Te ponían las camas de dos metros por dos metros. Yo me quedé flipado de los hoteles. Todas las noches te ponían tu orquídea y tus pétalos de rosa en la cama... ¡como un sueño!

C: ¡Qué bonito!

• ¡ANÍMESE A VOLAR!

Alfonso

F: La primera vez que monté en avión íbamos a Galicia yo, mi mujer y mi niño que tenía tres añitos entonces. Íbamos de aniversario y dije vámonos en avión porque ya que hemos estado de viaje de novios... No, era la primera vez que montábamos en avión; de viaje de novios fuimos por carretera. Pues imagínate, Carlos, llegar a Galicia, tardar un día y medio, imagínate llegar en una hora. Eso te parece mágico, ¿no?

C: Pues sí, es lo que tarda un avión.

F: Eso te parece mágico, Carlos. Nos montamos en avión Carlos. Mi mujer lloraba y se reía a la vez y me miraba. Y yo decía: «No sé si echarme a llorar yo también...»

C: ¿Pero era de emoción porque tardaban poco?

F: No, no, Carlos, porque claro, es la experiencia nueva, no sabes lo que te vas a encontrar, no sabes lo que vas a sentir. Total, mi chiquillo en medio, Carlos. Imagínate la escena: mi mujer sudando, llorando, riéndose... Yo al lado de ella mirándola, qué va a hacer esto... El avión empieza a coger pista, aquello se movía. Y digo: «Esto será como el Talgo. Esto va a empezar a andar poco a poco, no nos vamos a enterar...» Carlos, cuando aquello pega el apretón a mí se me queda la espalda pegada al asiento y yo creí que me moría, Carlos, me moría. Cuando vi que eso subía pa'rriba metí la cabeza entre las piernas de mi hijo. Mi hijo ajeno a toda la situación: «Papá, mamá, qué pasa.» Y yo: «Nada, calla, hijo que vamos a llegar enseguida.» Se asoma mi chiquillo por la ventana y me dice: «Papá, no veo las baldosas, ¿dónde están?» Y digo: «Pues tú faltabas, hijo, tú faltabas». Eso fue increíble. Ahora, Carlos, te voy a decir una cosa. Es una experiencia que se la recomiendo a todo el mundo.

C: ¿Cuál? La de padecer o la de coger un avión.

F: No, la de coger un avión porque claro, es cuestión de mentalizarse, ¿no? No va a pasar nada. Yo tengo una pequeña empresa de limpieza y tengo cuatro obreros y te puedo decir que como quise volar otra vez en avión y que ellos sintieran lo que era volar en avión, tampoco habían volado nunca, me los llevé a Madrid a comer solamente para que montaran en avión y nos lo pasamos genial, Carlos, de verdad.

C: Y dígame, Alfonso, ¿y desde entonces se ha hecho usted asiduo del avión cuando tiene que viajar o prefiere la baldosa?

F: Sí, mira, Carlos, en Semana Santa del año pasado nos fuimos a Estados Unidos, a Nueva York, cinco meses después de esta tragedia tan grande, y nos montamos en un avión y disfruté como un chino. Es una experiencia que se la recomiendo a todo el mundo, de verdad. Nos montamos en un avión enorme, enorme, enorme y entonces fue cuando de verdad pude disfrutar del viaje.

C: Pero, ¿qué hacía usted? Se daba sus paseíllos, hablaba con la gente...

F: Sí, sí, sí, Carlos, sí... Aquello era precioso, aquello era una maravilla. Un avión enorme, enorme, enorme y mi mujer seguía llorando, claro. Mi mujer seguía llorando la pobre.

C: Pero dígame, Alfonso, por ejemplo, aunque estuviera la gente dormida, ¿usted la despertaba, charlaba con ella, se lo comió todo lo que dan en el avión, le gustó la comida... ?

F: Todo todito todo, Carlos. Las dos películas me las tragué enteras. Luego, cuando vamos por el medio del océano ponen películas, te bajan todas las ventanillas, se queda todo oscurito, parece que estás en el cine... Genial, Carlos. Todo el mundo debería probar esa experiencia, es maravilloso, de verdad, ¿eh? Después he intentado convencer a mi madre y a mi padre para que montaran pero mi madre me dice que prefiere morirse.

Roberto

F: En un viaje del Real Madrid, no me acuerdo el año pero tú sí lo vas a recordar, que también eres buen aficionado. Cuando a García Ramón se le llamó el «Gato de Odesa».

C: Sí, hombre, ¡menudo partidazo!

F: Sí, una maravilla.

C: Me alegré mucho además en aquel partido, me llevé una gran alegría.

F: Fuimos con mi esposa, evidentemente era la época anterior. Íbamos con un miedo espantoso. Diciéndonos que tuviéramos muchísimo cuidado con no traer nada de allí ni llevar nada de aquí porque íbamos a Moscú y había unos problemas enormes. Concretamente fui con mi esposa y nos subimos en el avión perfectamente... de esto hace unos años, perdóname, no me acuerdo el año.

C: Debería ser por el 73, 74, incluso 75. Por ahí, por ahí.

Naranjo: Fue alguna de las Copas de Europa o de la Liga que hemos ganado.

C: No, ahí no os comisteis ninguna Copa de Europa ni nada, ahí no os comisteis nada. Estabais en una época de sequía. Continúe usted, amigo.

F: Íbamos en el avión tan tranquilamente, bastantes pasajeros, muy ilusionados... Era la segunda expedición que pasaba a Rusia; la primera fue con la selección española y la segunda el Real Madrid. Pasamos, fui al servicio por ver, la primera vez que montaba en avión, la novedad, y vi esas pastillas de jabón que hoy son tan normales, aquellas tan chiquitinas que te hacían tanta ilusión y después de lavarme las manos con la que había, de las que había chiquitinas me guardé una en mi bolsillo como recuerdo. Yo me guardé mi pastillita y me fui al asiento con mi esposa, nos había tocado de los últimos de la cola del avión. Me dice mi esposa: «¿Qué tal?» Y le digo: «Pues muy bien. Además, mira, me he llevado como recuerdo una pastillita de jabón.» Me parece que era la compañía Aeroflot o algo así, la rusa. Me siento ya tan tranquilo, me pongo mi cinturón, mi pastillita como recuerdo para traerla para Madrid y dicen por los micrófonos del avión en ese momento...

C: El nota que ha trincado la pastilla de jabón...

F: No, no... Dicen: «Roberto, once del tres del cuarenta y tres.» Yo cuando oigo eso, Roberto me llamo yo, yo he nacido el 11 del tres del cuarenta y tres, no dan nombre ni apellidos... «Por favor, que venga a cabina.» Yo me quedo quietecito, agachadito, mi mujer me mira... «Roberto, once del tres del cuarenta y tres.» Carlos, cogí y la pastilla de jabón me la metí en la boca.

C: ¿No había otro sitio mejor?

F: No, además era española de esas de La Maja de Goya o de la que fuera. Yo me la quería tragar. Mi esposa: «¡No te tragues la pastilla, por Dios!»Yo dije: «Nos van a detener.» No, no os riáis por favor. Dijeron: «Roberto, once del tres del cuarenta y tres.» Carlos, me levanté, los 35 metros de pasillo fueron eternos. Yo creo que no me ensucié en el pasillo de milagro. Al tragar saliva me tragaba el sabor del jabón. Cuando entré en la cabina, digo, me la saco de la boca, la meto en el bolsillo para decir que estaba usada. Y cuando entro cagadito de miedo las azafatas me miran, las rusas aquellas rubias tan serias y me hacen así y me enseñan que me había dejado mi esclava de oro que tenía «Roberto, 11-03-43». Me quise morir. Cuando volví al asiento ya ni comí porque me sentó mal el jabón y tiré la pastilla al suelo. Aquello fue lo más espantoso del mundo.

C: ¿No ha vuelto usted a comer jabón desde entonces?

F: No, Carlos. Nada más, hijo, sólo era contaros eso. No sé si viene a cuento de lo que estáis hablando porque te he cogido un poquito tarde.

C: ¡Qué mal rato tuvo que pasar usted!

F: De espanto, de verdad.

C: ¿A qué sabe el jabón? Tengo esa curiosidad.

F: No lo puedo decir. Ni al peor combinado de los del botellón.

Ignacio

F: Malabo-Brazzaville, y de Madrid-Malabo magníficamente bien. Y cuando llegamos a Malabo y cogimos el avión para Brazzaville, uno de estos horrorosos. Despegamos, un calor horroroso, no funcionaba el aire acondicionado. Salió el copiloto, todo el mundo protestando, una peste horrorosa dentro del avión. Salió el copiloto con un libro, desarmó medio avión, aquello no funcionaba, se metió para dentro de la cabina y salió el piloto. Estaban el copiloto y el piloto con medio avión desmontado y al final consiguen conectar los cablecitos para que saliera el aire acondicionado. Yo estaba en la primera fila y entonces, cuando se vuelven, se encuentran que la puerta de la cabina está cerrada, y el piloto y el copiloto fuera. Se miraron uno al otro, negritos eran ellos, y qué hacemos. Empezaron a pegarle patadas a la puerta, la puerta no se abría y eso nunca se me olvidará. La sensación para cagarse y no tener con qué limpiarse, ¡horroroso! En el compartimento de arriba en el primero de la izquierda lo abrieron. Allí había una botella de oxígeno, un botiquín y un hacha. Y con el hacha, a hachazos se cargaron la puerta. Bueno, la gente gritando... el aire acondicionado funcionó. Luego fue peor lo que se olía allí porque aquello fue horroroso.

C: Claro, es que la sensación de pensar que la cabina iba sola, ¿no?

F: Es que no había nadie. Y los dos estaban fuera y la puerta estaba cerrada. Y como era la época aquella grande de los secuestros no había forma de abrirlo, 1987. Yo estoy camino de Madrid a Málaga, yo voy en coche. Muy agradablemente estoy paradito ahora en La Carolina y aquí estoy en la gloria. Pero la impresión importante fue la carita que se le puso a los dos, que se miraron los dos cuando hicieron así con la puerta y la puerta estaba cerrada.

José

F: Yo no tengo ninguna anécdota pero tengo mi suegro que es un caso. Mi suegro es increíble. Aquí en Palma, para ir a la ciudad tenemos que pasar por al lado del aeropuerto. Pues mi suegro se para en el arcén cuando ve venir un avión. Mi suegro se atranca hablando y cuidado, y cuidado, y cuidado y como lleve yo el coche empieza: «¡Cuidado!» Y yo mirando por el retrovisor si viene algún coche, y es que ve el avión a la legua. ¡Es increíble!

C: ¿Y no ha subido nunca en un avión?

F: Jamás, jamás, ¡qué va, qué va, qué va! Y a veces le decimos: «Bueno, y si alguna vez tuviera algún hijo en la península y por una urgencia o lo que sea...» Y dice: «¡Más vale que no me lo preguntéis y si viene al caso que venga», pero vamos, es que le da un pánico terrible. Es increíble.

C: Hombre, pero es que esperar en el arcén a que aterricen los aviones...

F: No, a que pasen por delante. Que vamos, como le pasen por encima yo creo que se lo hace. ¡Es increíble el pánico que le tiene al avión! Y eso que no ha montado nunca.

El mágico mundo del cine

Nuestros fósforos no son sólo espectadores. También son actores. Actores, digamos, de relleno, pero actores al fin y al cabo, ya que aquellos que trabajaron de extras en una película de Spielberg podrán reconocerse algún día en el fondo de alguna de sus escenas. Y en cuanto a aquellos que simplemente nos hablan de sus títulos favoritos, no dejo de acordarme de los que contaron sus miedos ante determinadas cintas de terror. Escalofriante.

• PELIS DE MIEDO

Carlos

F: Mi película fue *Viernes 13.*

C: Buena, buena, buena...

F: Sí. Estaba recién casado. Salí del cine y no sabía dónde estaba. Estaba perdido del miedo que pasé. Salí a la Gran Vía y no sabía si estaba en la Gran Vía o en la Casa de Campo del miedo que había pasado.

C: ¿Cuál es su escena favorita?

F: ¡Todo, todo! La película esa me dio mucho miedo. Era recién casado, vivía en una casa nueva y lo típico, los ruidos. Me tiraba toda la noche escuchando ruidos. Pues estuve como tres semanas durmiendo con la espada de cortar la tarta encima de mí.

C: ¡No puede ser verdad! ¡Es demasiado bonito para ser verdad!

F: Sí, sí, horrible. Pero lo peor de todo era que mi mujer se abrazaba a mí, me apretaba las costillas y me decía: «Niño, levántate.» Y yo decía: «¡Y una leche me voy a levantar!» Y me levantaba que parecía D'Artagnan con la espada de cortar la tarta por toda la casa.

C: ¿Usted qué temía?, ¿que hubiera algún tipo de visitante...?

F: No sé. Ya te digo, las casas nuevas que no te acostumbras a los ruidos y oyes de todo, hasta cadenas oía. Y decía: «Me cago en la leche, dónde me he metido.» Y nada, andando por la casa con la espada de cortar la tarta.

Lorenzo: ¿Y no alegó su esposa razón de divorcio?

F: Yo creo que ella tenía más miedo que yo. Se tapaba hasta la cabeza y después cuando volvía decía: «¿Quién anda por ahí?»

Luis

F: Yo llamaba por la película *Hellraiser*. No sé si la conoces.

C: Esa no la he visto yo. No me suena.

F: Es un hombrecito que en la carátula de la película aparece con puntitas en la cabeza. Tenía veinte años y con la que hoy es mi mujer fui al cine con idea de no ver la película. Iba con otras ideas. Nos metemos en el cine, empezó la película y viendo las imágenes se me revolvió el estómago totalmente.

C: ¿Vomitera tal vez?

F: No, ¡me cagué! Yo esta historia después se la conté a mi mujer después de casado porque me dio tanta vergüenza... Resulta que mi mujer, cuando éramos novios, a la mitad de la película me dice: «Oye, a este cine no volvemos que huele fatal.» Estábamos saliendo hacía tres semanas; cuéntale tú a la chica que te has cagado. ¡Imposible! Me tuve que levantar en la mitad de la película y dije: «Voy un momentito a coger más palomitas.» Y me encontré con una situación un poco peliaguda en el cuarto de baño.

C: ¿Y cómo lo solventó?

F: Me tuve que quitar el calzoncillo y dejarlo de recuerdo allí.

• EL «FLIM» DE SU VIDA

Javier

F: La mía es *La venganza de Bruce Lee.*

C: Buena, buena, buena, buena...

F: ¡Subidón! Estaba yo en sexto. Pero el tema es el siguiente. Había dos chavales que me hacían la vida imposible. Total, que nos vamos al cine una de las tardes mi hermano y yo. Con decirte que salí del cine abriendo la puerta a estilo kárate: «¡Zasss!» Subidón total. Al día siguiente me levanto de la cama con un salto de Bruce Lee, echo la camisa al aire y me la meto en un brazo, ¡exagerado! Yo era bajito, pequeño... y había dos chavales que me hacían la vida imposible y me daban collejitas. Voy a clase al día siguiente y se me pone Pablito: «¡Zas!» Mira, le hago así en el brazo: «¡Ras, ras, rus, zas!» Le pongo la pierna, se cae... y el resto: «¡Hostia! Javier está dando kárate. ¡Joder, Javier! Madre mía.» Por la tarde: «Oye, que me he enterado que le has hecho la zancadilla a Pablo y le has pegado: «¡Chof, chuf, plof!» Menudo subidón. Yo saludando a los amigos con la mano: «¡Zas, chu!» La hostia. Me marcó, de verdad que esa película me marcó. Una chavala que íbamos detrás de ella toda la clase estaba ya detrás de mí. Yo iba a los billares, con el palo del billar haciendo: «Pu, pu, pu!» Bueno,

bueno... Total, marcado para siempre. Y además era un espectáculo de película.

C: A mí Bruce Lee me ha gustado hasta cuando hace de extra y cuando su hijo hace de él. Usted habrá visto la película sobre la vida de Bruce que hace su hijo, que también es bueno Brandon Lee, ¿eh? Ahora, si quiere ver las de Jet Lee, es el que más me ha recordado a Bruce Lee.

F: Yo me trago casi todas. *Héroes de acero, La venganza de Bruce Lee, Bruce Lee en Shanghai...* todas, todas. Pero esa fue subidón. Esa fue salir del cine, ya te digo, llegué a mi casa y al día siguiente un salto de la cama, la camisa al aire metiendo los brazos: «¡Fuo, fuo!»

• FIGURANTES: UNA PROFESIÓN MAL PAGADA

José María

F: Yo participé en la superproducción de Spielberg: *El imperio del sol.* En aquella época yo estaba en la Universidad. Nos enteramos de que se buscaban extras, fuimos corriendo a la calle Arjona y nos apuntamos allí. Nos citan en el campo del Sevilla a las ocho o las nueve de la mañana. Todo el mundo para Trebujena en los autobuses y nada más llegar, venga, a comer bocatas. ¡Y allí no hacíamos nada! A eso del mediodía: «¡Venga, a vestiros!» Nos ponen unos harapos, unas cosas muy raras... ¡otra vez el bocata! Al rato, a las cuatro de la tarde más o menos: «¡A maquillaje!» Maquillaje era echarnos el polvo. Y cuando vamos a maquillaje, en mi grupo iba un chaval negro que era más bien para jugar en el Caja San Fernando que para la película de Spielberg. Y claro, los dos que estaban del atrezzo: «¡Pero si la película va de chinos! ¿Quién ha traído a este tío?» «Hombre, este muchacho estaba apuntado.» Y dice: «Bueno, pero ahora que está aquí que haga algo.» «¡Pero cómo va a salir en la película!» Que sí que no, ¿tú sabes de qué acabó el chaval? ¡De aguador! Dicen: «Mira, ponerlo de aguador y que vaya repartiendo un poquito.» Bueno, pues después del maquillaje llega el momento culmen, por lo menos para mí que iba a tener a Spielberg cerca. Y tuve suerte, le tenía como a unos cincuenta o sesenta metros. Era la escenita esta que llegan al campo de concentración, que se bajan niños...; ¡que el niño era lo más repelente del mundo cuando yo vi la película!, pero bueno, estaba cerca. La misión importantísima que me encomendaron en la película era, con un pico y una pala tenía que cavar en el suelo. Al principio con una ilusión todo el mundo: «Por Spielberg, vamos a esforzarnos, vamos a hacerlo bien.» «Action.» Y aquello era fabuloso. Todo el mundo con una energía: «Pim, pam, pim, pam.» «Action.» «Pim, pam.» Y cuando ya llevábamos veinticinco «actions» estábamos hasta los cojones. Después se hizo de noche y aquello fue el acabóse. La gente escondiéndose en los hangares porque después hay otra escena en la película que se rodó el mismo día en la que se ponía el niño como muy repelente otra vez, con unos japoneses a saludarles marcialmente. Y allí hacía ya un frío en Trebujena, estábamos todos en los hangares, que aquello parecía la Segunda Guerra Mundial pero de verdad.

C: O sea, que echó usted un día nada más en Trebujena.

F: Sí, pero fue como las vacaciones de Los Morancos, que con un día de vacaciones es bastante para una buena temporada.

No sé si llorar o reír

La risa nerviosa es una visitante inoportuna que te pone en auténticos aprietos. Además, a esta le suele dar por llegar en esos funerales en los que los familiares del fallecido sufren el dolor de la inmediata ausencia. Es el caso de una fósfora a la que en el entierro de su propio padre le sobrevino una incontrolada risa nerviosa al ver al muerto adornado como una caja de bombones. Nunca se sabe dónde está el resorte que activa nuestra sensibilidad hasta llevarla al extremo de la lágrima, pero Heidi, Marco o la muerte de David el Gnomo llegaron a ocupar los primeros puestos en el top de «No sé si llorar o reír».

• UNA DE LLANTOS

Nuria

F: Lo primero que te quiero decir es que estoy con mi amiga Lucre que es una fósfora, fósfora, fósfora tuya y que ahora mismo está llorando.

C: ¡Salude usted a Lucre con mucho cariño!

F: Está muy contenta. Yo te quiero decir que lloro cada vez que la veo (la he visto treinta, cuarenta o cincuenta veces) con *Sor Citroën.*

C: ¿También *Sor Citroën?*

F: Sobre todo la escena que separan a los hermanitos, a Luis y a Nando, que me da mucha pena. Me da mucha pena y muchas ganas de llorar. Y cuando era pequeña lloraba con la canción esta de Georgie Dan *Bailemos el bimbó*. Era las cataratas del Niágara. Es que era empezar la canción...

C: Vamos a ver, objetivamente no hay razón ninguna para llorar con *Bailemos el bimbó*.

F: De verdad. Es que me daban muchas ganas de llorar. Bueno, y ahora también lloro con el anuncio del Daewoo Matiz, que ponen una música de fondo...

C: La del Daewoo, la del coche.

F: Sí. No sé si podrán decir marcas pero bueno.

C: Las que usted quiera. Ya le cobraré luego a la marca. Pero lo que me ha dicho usted anteriormente, lo del *Bimbó*, efectivamente se coloca usted en el top pero, ¿hay alguna razón especial?

F: No, yo qué sé. Me daba mucha congoja oír la música que tenía. ¡Yo que sé, no lo sé! Pero lloraba mucho con esa canción, mucho.

C: ¿Y su amiga Lucre con qué especialmente?

F: Con usted.

José

F: Antes de nada, te quería pedir que me hablaras con delicadeza por lo que pueda pasar porque soy muy sensible, no me levantes tanto la voz. Me habéis pisado lo de *Cuéntame* de anoche. Yo soy más bien con las cosas tiernas, no con las cosas tristes. Lo triste casi no me afecta a la hora de llorar, ni en la realidad ni en las películas. Pero lo de *Cuéntame* anoche no me pude aguantar. De hecho, en casa no me aguanto. En casa tiro para adelante y ya me conocen, o sea, que no hay problema. Quizá donde más me afecta es en la calle, en eventos y demás. Yo era camarero de estos de bodas, banquetes y demás. (Risa generalizada.) Lo veis venir, ¿no?

Lorenzo: Pero Carlos, por favor, deja que el señor se exprese.

F: Y bueno, imagínate. Iba con la bandeja con langostinos o cigalas o lo que sea y a mitad de bandeja tenía que salir corriendo a la cocina porque decían eso de ¡vivan los novios! o cosas de esas y eso era lo peor que me podía pasar. Esa frase era fulminante. Y la gente: «Oiga, camarero, si queda la mitad de langostinos ahí todavía.» Yo salía como una bala a la cocina.

C: Pero con el ¡vivan los novios!, con ver a dos personas felices.

F: Sí, es lo tierno más bien. Las desgracias me duelen pero no me hacen llorar. Yo cuando oía que se besen los novios ya empezaba a temblar, ya me temblaba la bandeja y ya estaba incluso preparado para salir corriendo. Porque antes de salir las lágrimas lo notas.

C: Claro, el picor. Entonces, por ejemplo, un niño gozando de los regalos de Reyes le destroza a usted, ¿no?

F: Sí, sí, sí, aunque no sean míos. Ya ves, a los novios yo no les conocía de nada, que yo era el camarero. Estoy hablando de gente que en mi vida les había visto y me importaba tres pepinos que se besaran o no o que se quisieran o se divorciaran a la semana siguiente. ¡No lo puedo evitar!

C: ¿Y alguna película en especial que recuerde usted que le haga llorar?

F: En especial, últimamente, la de *Cuéntame* la veo y para mí fatal. Me gusta pero es muy peligrosa. En casa la veo; ahora, me invita algún amigo a su casa o algo y me dicen que van poner *Cuéntame* y no voy.

Naranjo: O un vídeo de boda.

Mónica

F: Yo además de ser una fósfora soy una llorona profesional, pero de las buenas. Lloro por todas las películas. Pero una cosa que me pasa en concreto es que lloro con las manifestaciones. Veo una manifestación y se me llenan los ojos de lágrimas. Un ejemplo, en la barra de un bar estoy mirando el telediario y sale una manifestación de cualquier cosa y yo allí emocionada con la causa. No sé, me da a mí la solidaridad.

C: ¡Oh, qué bonito, qué bonito! Llorar con las manifestaciones me parece el top. O sea, una antinuclear, por ejemplo.

F: Sí, sí, lo que sea. Si son pocos porque son pocos y si son muchos más emoción todavía. Todos unidos por la causa... ¡Es increíble!

C: ¿Y con qué película es con la que usted ha caído más?

F: Con casi todas pero *Los puentes de Madison* fue buenísima porque a mi marido no le gustó nada. Yo llorando a moco tendido y él quejándose, dándose la vuelta... Era para matarlo.

C: Sí, esa situación me recuerda a mí una familiar también porque pasó algo parecido. La película me daba un poquito de pereza.

F: Yo lloro con todas. En cuanto haya un poco de sensibilidad o solidaridad sobre todo ya estoy llorando.

C: ¡Qué bonito, señora, qué bonito!

Carlos

F: Yo he llorado tres veces. La primera con Marco, con lo del mono Amedio y lo de la madre, que no la encontraba nunca. Luego lloré cuando murió David el Gnomo. Eso tuvo su mérito también. En mi casa fue el no va más. Mi padre, mi madre, mi hermana... todos llorando. Y la tercera fue con *Viernes 13.*

C: ¿Con *Viernes 13* lloró?

F: Con *Viernes 13* lo que me pasó es que mi mujer tiene mucho miedo, estábamos viendo la película, ella me agarraba en el sofá y en la escena que están en la barca en el lago que la música acompaña, saltó el tío en lo alto de los muchachos. Mi mujer me pegó un pellizco en mis partes. Me tiré llorando tres cuartos de hora. Te lo juro que fue así.

C: Pero dígame una cosa, Carlos, la historia de David el Gnomo cómo acaba.

F: Cuando muere David. De eso me acuerdo y lo tengo grabado en mi cabeza. Y con Marco mi hermana y mi cuñado y todos, en mi cumpleaños me cantan «mi mono Amedio y yo...» y me pongo a llorar todavía.

Maribel

F: Yo lloro mucho. Hasta viendo *Heidi* lloro. Le estoy coleccionando los capítulos a mi hijo y vamos, cuando se va Heidi a Francfort me pego una panzada de llorar que para qué. También lloro muchísimo en el cine. Nadie quiere ir conmigo al cine. Cuando vi *Titanic* me tuve que salir porque mi madre y mi hermano me decían que estaba dando el espectáculo.

C: Pero *Titanic* no es de llorar, ¿no?

F: Bueno, al final, que se muere Leonardo di Caprio, sí. Da bastante pena. O cuando se están acostando los viejecillos que ya se hundía el barco. Ahí ya fue el no va más. Y en las bodas, por ejemplo, lloro muchísimo y las novias siempre me dicen: «Cuando llegue el convite tú te presentas. A la iglesia no, porque entonces te miran más a ti que a mí.»

C: Porque es usted ruidosa.

F: Sí, ya es que no lo controlo. Se me escapan muchos suspiros.

C: Pero su top dijéramos que está entre *Heidi* y *Titanic,* ¿no?

F: Es que es todo. Estaba trabajando en una tienda de novias. Un día, vistiendo a una novia, estaba la madre, la abuela, la prima y se dejaron al padre fuera. Le puse a la novia su vestido, su velo, su tocado... ¡Preciosa! Llega la hora de que pase el padre a ver a la niña. Pues el padre, de la emoción, se puso a llorar y nos tuvimos que salir los dos llorando. Dejé a la novia en el probador y tuve que ir a calmarme.

C: Y usted y el padre abrazados en el pasillo.

• RISAS EN LUGARES INOPORTUNOS

Gloria

F: Mi padre, que en paz descanse, murió hace diez años. Era muy chiquito y yo también. Somos una familia muy menuditos todos. Resulta que lo pusieron en el tanatorio en una caja y lo que te hacen: te lo maquillan, te lo arreglan, lo trajean... Me lo meten allí en la cajita y como por lo visto la caja le quedaba grandísima le rellenaron todo alrededor (pies, cabeza, laterales...) de un celofán transparente. Aquello era como lo que envuelven los bombones. Cuando me viene el hombre del tanatorio todo serio, que aquello era todo muy protocolario y nosotros con los ojos hinchados como riñones de llorar del día antes, nos llegan allí y dice: «Miren usted a su padre y díganme qué les parece.» Mi madre y yo íbamos de la mano, nos acercamos y a mí no se me ocurre decir otra cosa que: «¡Uy, si me lo han dejado que parece el Ken de la Barbie!» A mi hermana y a mí nos dio por reír y nos hincamos detrás de la puerta, arrugadas en el suelo. El hombre no sabía para dónde mirar. Yo quería llorar pero no reír. Ya no pude ver a mi padre en toda la tarde porque si me quería arrimar a mirarlo era reír, reír y reír. Eso sí que fue de lo más nefasto y de lo más inoportuno.

C: Yo estoy seguro de que su padre hubiera estado encantado de pensar que...

F: Mi padre se lo hubiera pasado pipa porque no ha habido tipo más cachondo y más simpático que él. Mi padre tenía una guasa encima que para qué. Si mi padre nos llega a ver así se levanta y se ríe con nosotras.

C: Pero qué fue, muy de ataque de risa de ja, ja, ja, de no poder.

F: Sí, de doblarse las piernas, trincarnos contra la puerta allí agachadas, agarrada a mi hermana de rodillas en el suelo y ja, ja, ja, ja, de llorar. Pero una risa loca, loca, loca. Vamos, que el hombre no sabía si recogernos o darnos una tila. Nosotras, histéricas perdidas, tiradas en el suelo y yo cada vez que levantaba la cabeza y le miraba otra vez a reírme.

Domingo

F: Yo fui crupier en una época de mi vida ya un poco lejana. Una noche estábamos en la mesa, en una ruleta americana. Yo estaba haciendo un cambio y oigo al jefe que me dice: «Colega, el veinticinco rojo no juega.» Miro el veinticinco rojo y veo una dentadura postiza de un señor que se le había caído. Nosotros allí serios porque como tenemos que ser serios los crupieres si somos buenos profesionales... Cuando vi la dentadura casi me muero. Otra fue un señor que estaba jugando a la ruleta y llega la señora por detrás, le toca para pedirle fichas para ir al *black jack* y el señor, que tenía un peluquín, se gira rápidamente y le da el dinero a la señora. El peluquín tenía la raya al medio y cuando se vuelve a girar nuevamente hacia la ruleta, la raya la tenía a un lado de lo rápido que se había girado.

C: ¿Y ahí se le escapó a usted la risa?

F: No, ahí se me escaparon las lágrimas y me tuvieron que sacar de la mesa porque no podía ni cantar el número ni nada. ¡Es que era imposible, era para morirse!

Relaciones interpersonales

Uno de las barreras más difíciles de romper en la convivencia es la de asumir la práctica escatológica de tu pareja con absoluta naturalidad. Una buena amiga mía tiene una táctica que le ahorra, dice, mucho tiempo y es que relaja su esfínter anal ante su recién conocido pretendiente a la primera cita, así nadie se lleva a engaño.

En las siguientes situaciones nuestros fósforos se sumergieron en el hondo mundo de la naturaleza humana, descubriendo en ello auténticas joyas físicas y psíquicas.

• PEQUEÑOS INCONVENIENTES DE SU PAREJA

Pepe

F: Yo también quiero a mi mujer y la quiero con locura. Te cuento, mi mujer es alemana y tiene la fea costumbre de después de comer, bueno, en casa no se usan las servilletas, nada más que la uso yo. Cuando estamos comiendo, terminamos de comer y tiene la fea costumbre de limpiarse absolutamente todos los dedos a base de lengua.

C: ¿De la lengua suya?

F: No, claro, de la mía no.

C: Hombre, es que podía decir: «Saca la lengua» y entonces empezar a restregarlo. Ya me parece un uso excesivo de la persona.

F: Sí, bueno. Luego además es horrible porque a lo mejor estamos comiendo pollo asado o chuletas de cerdo o lo que sea y te repasa absolutamente todos los huesos, te come todos los trocitos de carne que han quedado, incluso hasta saca lo que es el tuétano de los huesos de pollo. ¡Eso me mata! Pero lo peor de todo, lo peor de todo, y esto ya es el máximo, es que estamos viendo la televisión en casa y tranquilamente se corta las uñas de los pies mientras que estamos viendo la tele, eso ya es el no va más.

C: ¡Ah! Está bonito porque alguna de esas uñas cortadas se dispara y a lo mejor le coge a usted con la boca abierta...

F: No, no se disparan. Yo creo que se las come. Esto debe ser algo por lo de los huesos y el tuétano.

C: ¿Pero es una costumbre de la zona de Alemania de donde es originaria su señora?

F: No, la verdad es que no creo que sea una costumbre.

C: Hombre, con la boca no se las corta, ¿no?

F: Sí, sí, sí, con la boca. Ella coge el pie y se repasa uña por uña de los dedos de los pies y se las corta viendo la televisión. ¡Y eso me mata, Carlos!

C: Es bonita la estampa pero, ¿su mujer es contorsionista?

F: Sí, es muy flexible, mi mujer es muy muy flexible y yo la quiero mucho, con locura, pero esas cosas de verdad que no las puedo aguantar.

C: ¡Qué bonito!

- ¡MENUDO CHASCO!

Juan

F: Yo en el año 75 me dedicaba a la fotografía en Barcelona y estaba haciendo fotografías en diferentes salas de fiesta para unos espectáculos que hacían en aquellos tiempos de *strip-teases,* en fin, de chicas que se desnudaban en público... Entonces, en cierta ocasión fui a una sala de fiestas a llevar unas pruebas de fotografía para que eligieran cuáles iban a poner en la entrada para el espectáculo y me encontré a un conocido, un amigo mío, que era chapista.

B: ¿Era chapista?

F: Era chapista. Él se dedicaba a reparar coches. Y entonces, estaba ligando con una señorita que era venezolana que no era tal señorita. Yo le había hecho fotos desnuda y era un caballero. Tenía unos senos impresionantes, algo fuera de lo normal. Y claro, cuando me di cuenta de qué iba la cosa intenté en diferentes ocasiones avisarle, ponerle al tanto de la situación, pero nada, no había manera. Ellos seguían en una mesa, en un rincón, y cada vez que le hacía alguna seña él se hacía el loco y me decía con la mano que nada, como si pretendiera yo participar en el asunto. En resumidas cuentas, que después de todo aquello yo hice mi trabajo, me dijeron qué fotografías eran y al día siguiente me lo encontré y le dije: «Qué, ¿no te diste cuenta del asunto?» «No, no, qué va.» «Y entonces qué, ¿te fuiste con ella a casa?» Yo sabía dónde vivía y todo porque le había hecho fotos en su casa. «Pues sí, efectivamente me fui.» Y digo: «¿Y qué?» «Nada, si tenía más que yo...!

Ramón

F: Estaba en una fiesta y conocí a una chica y entonces tenía yo dieciocho años, empezaba con esto del ligoteo y quedamos al otro día en un parque para hablar. Nos sentamos en un banco y empezamos a charlar y saqué un cigarrillo para impresionar, como eres un chico y tal, y entonces se me cae el paquete de tabaco. Me agacho para cogerlo y se me escapa un pedo. Y entonces digo: «Joder, estos pantalones que no aguantan nada.» Y me dijo la chica: «Fíjate, que seguramente se te ha roto también el calzoncillo.»

José

F: Yo os voy a dar una exclusiva. Este es uno de los mejores secretos guardados por un amigo y yo desde hace casi once años. Nosotros estábamos en una discoteca, salíamos de fiesta por Barcelona y lo típico aquello que decías vamos a este tipo de discoteca que aquí es donde seguro que nos enrollamos con alguien. Las típicas discotecas que ya tenías clasificadas, ¿no? Entonces teníamos diecinueve, veinte años. Fuimos a una discoteca que se llamaba Katacrack, íbamos todo el equipo. Lo único que tengo en mi defensa es que todo el equipo estuvo atacando durante una noche a dos rubias preciosas que estaban en mitad de la pista. Y cuando todo el equipo se marchó nos quedamos este amigo mío y yo, Gabi y yo, además digo el nombre. Estuvimos hablando con ellas, todo muy bien... Os juro que eran preciosas, os lo juro. Eran muy graciosas, con mucho cachondeo, y de repente una dice: «Es que somos travestis.» Gabi y yo con la broma, con la broma: «Bah, estas lo que van es a saco.» El Gabi diciéndome: «Yo tengo el piso de mi hermana, no hay problema, no te preocupes...» Y yo: «Gabi, que a mí me parece esto muy raro. Que esto no puede ser. Que dos tías, por muy enrolladas que sean, dicen que son travestis.» Y Gabi: «Que no, que no pasa nada. Tengo las llaves del piso de mi hermana.» Pues nada, él se queda con la suya, se empieza a pegar el filete en un sillón de la discoteca y yo cojo a la otra y me voy fuera de la discoteca. Con el calor de la noche... hasta que la mano llega donde no tiene que llegar. Bueno, pues lo que me encontré verdaderamente fue un susto... y tener que entrar volando a buscar a mi amigo. Mi amigo estaba estirado en el sofá pegándose un filete tremendo con la otra, coger a Gabi y decirle: «¡Gabi, Gabi, que son travestis!» Y Gabi: «¿Pero qué dices?» «¡Que son travestis!» Bueno, Gabi vomitando en mitad de la discoteca...

Lola

F: Yo era muy jovencita, iba con mis amigas y frecuentábamos sitios donde conocíamos gente de nuestra edad con los que pasábamos el rato. Conocí a un hombre mucho mayor que yo que no me gustaba físicamente nada pero estaba con el grupo de amigos que estaban con mis amigas, con lo cual tuve que tragar. Al estar con él descubrí que era una persona muy interesante, tenía una conversación muy agradable, tenía un piquito de oro, vamos. Seguimos viéndonos y acabé enamorada hasta las cachas. Al principio, como no quería estar con él le conté que estaba casada para que me dejase en paz. Después seguí con la mentira hasta que me enamoré como una loca y cuando creí que llegó el momento de decirle la verdad, cuando le dije: «Mira, tengo que confesarte una cosa. Te he estado mintiendo y no estoy casada.» Y me dijo: «Pues yo sí.»

Alejandro

F: Yo fui de vacaciones con un amigo a Almería y conocí a una chica allí. La primera noche de romance, muy bien, no pasamos de los besos. Llegó la segunda noche y estábamos en la arena los dos tirados, bien, vestidos pero ¡vaya!, pegándonos besos, pegándonos ahí de todo y de pronto me dice: «¡Qué lástima que no tengamos una goma!» Y le digo: «¡Cómo que no!» Me revolqué en la arena. Cogí mi cartera, saqué el preservativo como pude y le dije: «Aquí hay una.» Y dice: «No, una gomilla para el pelo.»

El deporte es sano

Los diversos prospectos farmacéuticos incorporan un apartado en el que advierten de los riesgos que se corren al tomar, utilizar o probar los productos en cuestión. Cuando vas a practicar un deporte, el instructor ya sabe los riesgos de rotura o fractura: conoce el terreno y procura evitar, por ejemplo, que al esquiar termines rompiéndote la crisma. Bueno, pues ya sabemos quién es el que hace esos estudios previos. Se llama Luis: es un fósforo que se perdió en la montaña una semana, que escalando se rompió varias costillas, que practicando otro deporte se rompió el cráneo, las piernas y los brazos... lleva los brazos pegados con Loctite y hasta su esfínter decidió relajarse en una desafortunada carrera de fondo. En fin, que el deporte, ciertamente, es arriesgado: puedes llegar a morir de hambre, si tu mujer es aficionada. Magistral Juanjo, un ciego que esquía de oído.

- FOMENTA LAS RELACIONES

Miguel

F: Yo me había organizado un día sin fútbol pero como de costumbre siempre tengo o a la suegra o al cuñado, que llaman por la mañana diciendo que van a venir a cenar para ver el fútbol.

C: Que no tienen televisión en su casa...

F: Pues sí, pero tenemos la costumbre de juntarnos en casita y no me los puedo quitar de encima.

C: ¿Y usted no es aficionado al fútbol?

F: Pues yo, lo había sido de joven, la verdad que sí, y he tenido mis colores, pero el fútbol ya ha pasado a la historia para mí.

C: ¿Y su suegra es muy aficionada?

F: Mi suegra es del Madrid, pero del Madrid a muerte, a muerte. Es una aficionada tremenda. Y siempre tienen la costumbre de los domingos, como nosotros tenemos canal de este privado, pues la llamadita a media tarde: «¡Vamos a ver el fútbol!» Y yo me tengo que tragar todos los partidos.

C: Y ella que está, con su whisky en la mano dando voces e insultando al árbitro y eso.

F: Estar en familia es muy agradable pero siempre pillas la obligación de ver el fútbol... Ahora me ha llamado la mujer hace un ratito avisándome que no podíamos ir al cine porque habían llamado los suegros y había que estar en casa.

C: ¡Qué le vamos a hacer, Miguel!

F: Qué le vamos a hacer. Pues nada, que gane el mejor, por supuesto.

Javier

F: Yo estoy harto de fútbol.

C: No me diga.

F: Bueno, pues yo estoy harto de fútbol porque ya me toca otra vez hoy cenar tortilla de patata de lata.

C: Pero por qué, porque su esposa es muy ...

F: Porque mi mujer es más del fútbol que de fregar. Está sentada desde las cinco de la tarde.

C: No me diga.

F: Ya está sentada delante del televisor y yo cada vez que hay partido en la tele... Yo estoy en contra de que televisen los partidos.

C: Hombre, pero Javier, si ella es aficionada y si le gusta...

F: Pero bueno, no me sabe hacer un pollito o alguna cosita con salsa... Tiene 12, 14 latas de tortilla de patata guardadas en la nevera. El día que hay fútbol en la tele, todos los sábados y los domingos en Canal +, pone la lata a calentar en el microondas sin abrirla ni ná. Se revientan las papas p'arriba.

C: Pero, dígame, Javier, ¿y usted no es aficionado al fútbol?

F: Yo era futbolista. Yo jugaba en el Jerez Industrial, que aún existe, me parece. Y jugué un partido en Guadalcacín del Caudillo. Y el bruto del pueblo, que era el hijo del alcalde (yo jugaba de extremo derecho y me salía del campo corriendo), me metió una zancadilla y salí del campo, pero por la zancadilla... y con toda la pierna destrozada. Y entonces ya dejé el partido. Vamos, dejé el fútbol para toda mi vida. Y además, otra cosa hay que hacer: las porterías tienen que hacerlas más pequeñas.

C: ¿Por qué?

F: Joder, pues con lo que ganan esos tíos no meten un gol con una portería... Las porterías tienen que ser como las del hockey sobre hielo.

C: Hombre, tanto, tanto...

F: Hombre, un poquito más altas para que quepa el portero de pie. Pero... van a tirar un penalti, ¡pero hostias!, si el penalti da aquí a la portería, que hay once metros (que es mentira, son 9 y medio, que los he medido yo) y mandan el balón al graderío. Y se llevan mil millones de pesetas al año algunos de ellos...

C: Usted qué tal tocaba la pelota, ¿era bueno?

F: Yo era muy bueno, muy bueno, muy bueno. A mí me llamaban «Pichilín».

C: ¿«Pichilín»? Ah, está bien.

F: Sí, «Pichilín». Además, si va usted a Jerez algún día se enterará de quién era «Pichilín». Yo tengo alineaciones, tengo el carné, lo tengo todo. Me daban veinte duros y un bocadillo el día que íbamos a jugar al fútbol.

C: Y dígame. ¿Ahora ya no se sienta usted delante del televisor a ver los partidos?

F: Yo no. Yo veía *Ironside*. Y cuando se terminaba *Ironside* ya no cortaba la tele. Me gustaba mucho el tío con la silla aquella... Eso era un tío, no lo que hay ahora. Miden 1,90 y no meten un gol de cabeza ni cojones.

María

F: Mi marido, cada vez que juega el Madrid, los cuatro vecinos del bloque, que nos llevamos todos muy bien, cogen sus bufanditas, sus banderas y se van al campo. Con lo cual, vienen a las tantas de la mañana, te puedes imaginar cómo, vienen bastante contentos. Pero yo sabiendo lo que iba a pasar hoy, las cuatro vecinas les vamos a tomar la revancha. Hemos reservado mesa en un restaurante erótico y después nos vamos a ir a ver unos *boys*. Con lo cual, mi marido ya lleva toda la semana: «Bueno, María, cariño... No vayas a beber, ¿eh? Y no vengas muy tarde, ¿eh? Que a ver qué va a pasar, ¿eh?» Pero es que, este mediodía me ha llamado, que le ha sentado muy mal la comida. Entonces, que se va a venir a casa, va a ver el partido conmigo y que anule la cena. Y digo, pues mira, cariño, lo siento mucho pero tú, como verás, la calientas la comida en el microondas porque yo no anulo la cena.

- NO CONLLEVA RIESGOS

Juanjo

F: Va, lo mío, lo mío es grave. Yo es que veo menos que el pompo de un culo. Soy ciego. Y yo esquío. ¿Tú sabes lo que es tirarse por Borreguiles, allí en Granada, pa'bajo, a buscarte tus gafas y no ver nada, con el monitor pa'lante? Además, lo más gracioso es que llevamos un peto que pone: «Esquiador ciego», amarillo fosforito. Y tengo encima perro guía. Y el perro también lleva peto.

C: Pero, Juanjo, ¿qué sensación tiene usted bajando por una montaña nevada?

F: Joder, la hostia, la hostia, la hostia... porque yo he visto. Entonces, como ya he visto y ahora no veo, es la ventaja que hay. Yo pertenezco al grupo de esquí de la ONCE y eso es divino, divino.

C: ¿Y cómo se guía usted por la montaña? ¿Tiene alguien que le va diciendo: «izquierda, derecha, ojo»?

F: Tenemos el monitor y aparte, por ejemplo, en Borreguiles, allí en Granada, hay música. Entonces por la música te guías.

C: Joder, pues hay que afinar, ¿eh?

F: Sí, claro que hay que afinar, pero vamos, siempre por el monitor que va delante.

Naranjo: Yo lo que no entiendo bien es lo del perro esquiando.

F: No hombre. El perro no esquía. El perro si hay mucha gente no lo metemos en pista.

N: Pero como decías que llevaba el peto naranja...

F: Lleva un peto, pero si hay poquísima gente. Si subimos entre semana a esquiar pues sí metemos al perro en pista pero si no, no.

C: Y va usted despacito ¿no?

F: No. Qué coño voy a ir despacito. Yo esquío como una persona normal. Yo he estado en competiciones y todo...

C: Pues tiene usted un mérito, Juanjo...

F: Yo y todos mis compañeros que esquiamos.

C: Pero un mérito tienen ustedes de primera categoría ¿eh?

F: Sí, sí... Pero ya te digo que esquiamos como una persona normal y corriente. Lo único que no usamos son bastones.

C: ¿Cómo saben que han llegado al final?

F: Coño, porque hay que frenar.

C: Ya, pero si no frena...

F: Coño, porque te lo va diciendo el monitor, «ves parando, para, para, para» y ya está.

C: Es que si no frena va usted a Granada directamente.

F: A Granada... Te das la hostia. Te metes el guantazo.

C: ¿Se ha dado usted algún jardazo gordo?

F: Sí, sí, sí, sí... Pero gordo. Gordo que estuve dos meses con la pierna un poco chunga porque fue el día que estrené unas tablas y había poca nieve, salté por una bañera y no me saltó la fijación. Entonces roté sobre mi propia rodilla y me hice un esguince de ligamento en la rodilla. Pero, vamos, volví a esquiar otra vez. Y sigo esquiando, claro.

C: Me parece usted un número uno Juanjo. Y además, qué buen humor, qué talento, qué gracia...

Luis

F: De más chaval tenía una ilusión bárbara por ser aventurero solitario y me gustaba la montaña mucho. Primero en el Pirineo, me perdí. Iba al monte en invierno y me metí en una borda que había muchísima nieve un sábado, que ya tenía que volver a casa el domingo y aparecí el jueves. Toda la Guardia Civil buscándome, los helicópteros de la Gendarmería... y al final me encontró un pastor de un pueblo del Pirineo navarro.

C: ¿Y en qué estado le encontró, Luis?

F: Bastante deshidratado y con congelaciones en los pies y un poco en las manos y, joder, con unas ganas de volver a casa y ver a mi madre. Luego hubo un proceso como de estos de aventurero y seguí yendo al monte y me caí y me rompí tres costillas, los brazos y las piernas.

C: Tiene usted una grata experiencia del monte.

F: Y además, que yo he sido muy gafe porque luego en el Moncayo, que ya es un monte que parecía más... Allí en una pala me rompí también dos costillas yo solo. Y ya me cambié de deporte.

C: Ya, no me extraña. Digamos que había tenido usted una experiencia no como de campeón mundial.

F: No, no... Y en serio me dediqué a la bicicleta y en un pelotón que se hizo una montonera me rompí el cráneo. Me pusieron la epidural y me tuvieron que abrir la cabeza para sacarme...

C: Y Luis, dígame, ¿ha practicado algún otro deporte después de la bicicleta?

F: Después de la bicicleta, ya ahora sólo corro. Corro por los alrededores de mi casa y mi mujer está muy contenta.

Naranjo: Pues corra atado a otro no vaya a ser que se caiga.

C: Pero Luis, ¿no ha habido ningún tipo de contratiempo corriendo?

F: Pues le voy a decir la verdad. En una prueba de cross me cagué. Me sobrevino un apretón, que no es un accidente pero es un accidente curioso, ¿eh?, y ahí me tuve que meter en una chopera que había allí en medio y lo pasé muy mal también.

Mariano

F: Yo ya nada más con decir el *hobby* que tengo ya es un poco para que os riáis. Soy árbitro de fútbol en segunda regional. O sea, que creo que ya es bastante riesgo, ¿no?

C: Sí, sí, sí... ¿y qué le han hecho a usted en los campos de fútbol, Mariano?

F: Te imaginas tú esos campos de fútbol en estas localidades de aquí de Alicante como Rojales, Benazúzar, Dolores... ¡Vamos!, que la valla de protección de la gente al campo es una cuerda finita con unas estacas hincadas. Entrando al vestuario ese que te dice antes de empezar el partido... te ve llegar con tu mochila, en chándal, todo bien, con tu uniforme federado... A lo primero te pasan la mano por el hombro y siempre está el típico que te dice: «Aquí normalmente a los árbitros les pegamos una paliza.» «¿Cómo que les pegáis una paliza?» Dice: «Sí, aquí normalmente aunque ganemos, a los árbitros les pegamos una paliza.» «¿Y si perdéis?» Dice: «No se ha dado el caso, ¿eh?»

C: Mariano, ¿y le han dado alguna fuerte?

F: No, no, no, no... gracias a Dios no. Vengo del fútbol y lo otro lo hago por afición. No me dedico a esto pero lo hago por afición. He estado jugando siempre... Pero vamos, ahí hay algunos que son burrunchos, burrunchos que se ponen suaves, ¿sabes?

C: ¡Qué arte más grande!

Inventar para pasar el rato
porque para otra cosa...

Entre la audiencia multitudinaria de un programa de radio ha de haber, a la fuerza, mentes privilegiadas capaces de inventar mecanismos inverosímiles que nos hagan la vida más placentera. Hay quien inventó un periscopio para bicicletas, pero no acabó de pulir el mecanismo y se dejó varias veces la cabeza en las curvas. Lean, lean...

- QUÉ HAN INVENTADO NUESTROS FÓSFOROS

Antonio

F: A mí me ha pasado lo mismo que a mucha gente, que dices: «¡Coño!, voy a inventar esto porque esto no está inventado.» Una cosa que a ti te parece utilísima, la inventas, te comes el coco, la apañas, buscas los materiales para hacerla...

C: ¡La rueda!

F: No, no, no. La rueda ya la vi en una revista anunciada. He inventado algo que a base de contárselo a la gente todo el mucho me ha dicho que es cojonudo y que no lo ha hecho nadie. Vamos, no lo ha hecho nadie de la forma que lo he hecho yo. Es una cama que en la bandejita de atrás de una furgonetita pequeña, la que va detrás del asiento de atrás, se convierte en extensible a través de unos tubos, sin un solo tornillo y sin una sola grapa, se convierte en una cama para dos o tres personas. Y de verdad que me he comido el coco durante años para hacerlo. Todo el mundo que lo ha visto ha dicho: «Joder, macho, esto es cojonudo. ¡Tío, paténtalo!» Me lo han dicho ya cuatro o cinco amiguetes y todo el mundo me insiste en que lo patente.

F: Y va pasar como el día que inventé también unas cadenitas para poner debajo de la bota de esquí. Se coge con una goma, con un ganchito de la tapicería del coche y sin gastarte un duro te hacías unas cadenitas. Porque el que ha esquiado sabe los patinazos y las hostias que se pega uno en las estaciones de esquí. Te quitas los esquís y dices: «Yo que soy el que mejor esquía de mi calle me pongo a correr por la pista.» Y en cuanto pisa el asfalto, ¡cataplom! Y digo: «Esto es cojonudo, con esto me forro.» Y lo he visto anunciado en la revista de material de esquí de no sé dónde. Y digo que alguien es más listo que yo.

C: ¿Y qué más ha inventado usted que ya ha comprobado que estaba inventado?

F: Me acuerdo que inventé como una especie de apagavelas. Una vez me quedé mirando una vela y dije: «Coño, si en este candil tú coges y haces un tal, un cual..» Yo es que soy bastante apañado para el bricolaje. ¡En Marruecos lo vi! De plata.

Manuel

F: Hace unos cuantos años inventé un cenicero porque yo ya había quemado alguna mesa en casa por dejar algún cigarrillo encendido y olvidado. Entonces, un día se me ocurrió cambiar un poco el cenicero tradicional. Yo lo tengo patentado desde el año noventa y ocho. Explicándolo sencillamente: los ceniceros tradicionales que tienen la periferia donde llevan la ranura donde se coloca el cigarrillo mientras que uno está haciendo algo. Yo lo que pensé fue poner un tabique dentro del cenicero y en ese tabique hacer una ranura para dejar el cigarrillo puesto. Y si se dejaba el cigarrillo olvidado siempre se quedaba dentro del cenicero.

C: Y no se caía hacia fuera.

F: Nunca se podía caer fuera y quemar un mantel o una mesa como quemé yo.

C: ¿Y lo ha puesto usted en marcha ya, amigo?

F: Lo tengo en marcha pero es casi imposible de vender porque ahora, como está la cosa con que no se debe fumar. Lo había podido inventar hace veinte años.

C: Pero lo ha inventado ahora. ¡Qué le vamos a hacer! Pero hombre, todavía se fuma ¿no, Manuel?

F: Sí, sí, todavía se fuma. Tú mismo, por supuesto.

Rafael

F: El invento resultó de todos los problemas que hemos tenido siempre todos los conductores a la hora de pinchar una rueda. El invento tuvo dos problemas que después contaré. Lo que imaginé fue poner transversal al coche, es decir, delante del paragolpes, delante de las ruedas, atravesado un imán de manera que fuera cogiendo todos los clavos, toda la historia que pudiera hacer que pinchara una rueda. Pero claro, ahí vienen los dos problemas. El primero es que si encontraba un cristal el imán no lo cogía.

C: Y a la velocidad que va un coche ese imán tenía que ser muy potente, ¿no?

F: Sí, se supone que sí, efectivamente. Luego es que viene el segundo problema, que en aquella época que yo lo pensé había pasos a nivel todavía, con lo cual pasas por un paso a nivel...

C: Pasa por un paso a nivel y se queda usted enganchado, ¿no?

F: Claro.

C: Claro, es verdad, es verdad...

Aurelio

F: Yo inventé hace años un periscopio para bicicletas.

C: ¿Con qué objeto?

F: La idea era aumentar la posición aerodinámica del corredor en la contrarreloj. Usted habrá observado que un corredor de contrarreloj en ciclismo, su postura idónea es mirando hacia abajo con la cabeza casi metida en...

C: En el manillar, sí.

F: Nosotros inventamos un dispositivo con unos espejos de forma que mirando hacia abajo viera de frente.

C: Creo que los jardazos han sido...

F: Y se ve la carretera de frente.

C: ¿Y qué es lo que tiene?, como una pantallita... ¿cómo es?

F: Es una cajita con un juego de espejos de forma que uno mira hacia abajo pero ve lo que tiene de frente.

C: ¿Y usted lo ha probado?

F: Sí, sí, sí. Hicimos unos prototipos, nos hartamos de darnos porrazos porque costaba acostumbrarse pero al final éramos capaces de dar alguna curva con ello puesto.

C: ¿Y no cree usted que el tiempo que se pierde en evitar pegarte el jardazo es el que evitas levantando el cuello?

F: Es que levantando el cuello rompes la aerodinámica de la posición. Y eso en la contrarreloj es muy importante.

• ¿Y QUÉ INVENTARÍAN?

Manuel

F: Yo tenía un amigo que decía que desde que se ha casado está buscando por todas las tiendas del mundo, y no la encuentra, una cesta mágica. Él por lo visto llegaba a su casa, echaba la ropa sucia en la cesta y le aparecía perfectamente doblada y planchada al día siguiente en los cajones. Por lo visto, desde que se casó, no hay forma de encontrarla. Ha buscado en todo tipo de tiendas, de antigüedades, normales... y la cesta no aparece por ningún sitio.

C: Su mujer tiene un poco más de trabajo, a lo mejor, y no puede atenderle debidamente. ¿Y él no ha probado a limpiarla?

F: Él sigue buscando su cesta mágica a ver si algún día la encuentra.

Carlos

F: Yo tengo una idea. Me parece que la seguridad en los aviones deja mucho que desear y tengo bastante pánico a volar. A mí me gustaría que alguien inventara paracaídas para aviones. Unos enormes paracaídas con una tela especial, con una fibra especial, que cuando el avión va a caer los pilotos ya estuvieran entrenados y si vamos a ir al mar lo pongo hacia abajo. Paracaídas como los que tienen las naves espaciales cuando aterrizan en el mar o en tierra. Los rusos, por ejemplo. Pues enormes paracaídas grandes, que eso es posible, estoy seguro. Unos grandes flotadores también. Quizá también motores que rotan para hacer una contrafuerza, porque claro, el avión va a nueve mil kilómetros por hora... No, tanto no va, a novecientos kilómetros por hora. Bueno, pues que estos motores como los que tiene el *Columbia* o los que tiene el *Challenger* dieran la vuelta y frenara. Entonces frena un poco, se abren los paracaídas enormes y cae lentamente en el mar o en la tierra y se salvan todos.

C: Claro, claro, claro. El problema es cuando se estrellan, pero...

F: Lo de los aviones hoy en día es como los coches sin airbag, sin antivuelco y sin nada. Ahí te caes y no hay nada que hacer.

C: La verdad que sí. ¿Ha tenido usted algún contratiempo en los aviones o no sube directamente?

F: Subo porque he viajado a América alguna vez pero también me da miedo lo del síndrome del turista. Me tocó una especie de caja en los pies y estaba en una fila de cinco atrás del todo, diez horas sentados... pero lo aguanto. El miedo es que estás de la mano del piloto y le puede pasar cualquier cosa. En un autobús, por ejemplo, cojo el martillo, rompo la ventana y me salgo. O digo, bueno, me voy a poner en este lado y me agarro aquí fuerte. Pero en un avión qué vas a hacer.

Naranjo: Usted no le ha quitado las dos ruedecitas chicas a la bicicleta todavía porque...

Ángel

F: Un microondas que enfría.

C: ¡Anda!

F: ¡Anda! Un cacharro que en treinta segundos o en veinte segundos metes una Coca-Cola y te la deja a diez bajo cero.

C: Ha tenido usted una excelente idea.

F: Claro, tío. Todos tenemos un tarro para calentar la leche y las cámaras frigoríficas en los bares, gigantescas, que valen millones de pesetas. Pues tendrían las Coca-Colas o las Fantas en las cajitas en las que vienen. Un Barceló con Coca-Cola, veinte segundos, «placa».

Naranjo: Pero es que ya le echan los cuatro hielos.

C: Pero tarda más y se agua.

F: Ya, pero es un coñazo todo, tío.

C: Pero por ejemplo, un vino que hay que tomar muy frío y que tiene usted que enfriarlo en un momento.

F: La agüita en verano. ¡Esto es el botijo digital!

C: ¿Y en qué consistiría ese microondas? ¿Es usted ingeniero?

F: No, yo no tengo ni idea. Imagino que sería un aparato que mediante radiación de microondas desacelera las partículas, o sea, el procedimiento contrario al que tenemos nosotros en casa. Tenemos un cacharro que radia microondas y hace que las partículas de los alimentos se aceleren y se calientan. Pues esto tendría que frenarlas. Yo no sé. ¡Que lo invente quien sea!

Inclasificables

Como ya les dije anteriormente, son muchas las personas que, tras escuchar las magistrales llamadas de nuestros oyentes, me preguntan si son guiones escritos por profesionales. No creen posible tanta genialidad escénica o situaciones tan bien contadas. No; nuestros oyentes son genuinos y su ingenio es innato. Puedo asegurarles que la imaginación de todo el equipo de guionistas de *Cheers* es mucho más limitada. Por mucho que un grupo de creativos se reúna y sesudamente hurgue en sus cerebros buscando situaciones inverosímiles, es imposible llegar a pensar que un ciego orinó en los glúteos de un altísimo cargo del BBV, que una familia desvalijó el piso de su prima recién casada como broma de vuelta de viaje de novios, que una vecina cotilla dio el resultado del partido a través del tabique o que otra portera chismosa recibía saludos en las postales de sus inquilinos. Son historias de ciegos, coleccionistas, bomberos, cotillas y fisgones; incluso de hombres que hacen cosas tan innecesarias como inflar su miembro viril para, seguidamente, desinflarlo como un globito.

• MÁS GAFE, IMPOSIBLE

Carlos

F: Yo voy a contar de un gafe famoso de la zona de Vizcaya. Es «Josechu, el gafe». También le llaman «El hunde barcos». Entre los marineros es famoso.

C: ¿Por qué?

F: En un año logró hundir él solo tres barcos de gran tonelaje. Uno era un petrolero, otro era de estos que llevan contenedores que se fue a pique en veinte minutos en Bremen y otro en Alaska que no sé qué le pasó con el hielo que tuvieron que salir en helicóptero. Y eso en un año.

C: ¿Él es marinero?

F: Fue marinero. Tuvo que dejarlo. Ha hundido varias empresas en tierra también, o sea, que ha entrado y han ido a la quiebra. Mucha gente que no ha tenido ningún accidente se monta en su coche y tiene dos accidentes el mismo día, pero con él dentro. Puedes hacer varios programas monográficos con éste.

C: ¿Y él qué dice de su mala suerte?

F: Lo cuenta muy bien, es simpático, es muy salado. Habla muy despacio, cuenta todas sus anécdotas y la gente se pasa las tardes de risas con él. Todo el mundo sabe que es gafe pero le aceptamos. A mí me ha hecho varias. Un día tocarme el motor, sólo tocar, y tuve que cambiar el radiador de un coche nuevo. ¡Sólo tocar! Me rompió un manguito. A mí me ha hecho muchas, muchas, lo que pasa es que se lo aguanto porque es primo carnal y le quieres y eso.

C: ¿Y qué más ha hecho Josechu?

F: Tiene muchas. Por ejemplo, la de ir a hacer el amor en el coche con la novia, quedarse embarrado y tener que llamar a la grúa. Es una detrás de otra.

C: Lo de los barcos me llama la atención. Hundir tres...

F: Sí. Tiene un petrolero. Cuando estaban Irán e Irak de guerra explotó una mina. He dicho tres pero son cuatro realmente porque otro petrolero fue en auxilio y también se hundió.

C: ¡Nuestro campeón! Es nuestro campeón.

Fernando

F: A mí me dicen que soy gafe. Yo no me lo considero pero la gente lo dice.

C: ¿Y por qué le dicen eso, Fernando?

F: Le puedo contar, por ejemplo, historias de la mili. Estaba en artillería. Estaba llevando un transporte en un acorazado y el que yo llevaba se cayó en un hueco, en un agujero, y se me fue el motor, se partió por la mitad.

C: Bueno, pero eso le puede pasar a cualquiera, Fernando.

F: Sí, ya.

Naranjo: No era un Simca 1000, ¿eh? Eso aguanta tela.

C: A la semana siguiente me llaman que se había atascado otro transporte y decían que lo tenía que remolcar. Fui con el que me habían dado después y lo pasé de vueltas. Pero bueno, que eso le pasa a cualquiera.

C: Sí, eso le pasa a cualquiera, Fernando. Eso le pasa a cualquiera.

F: El problema es que luego me fui a Sevilla a trabajar cuando terminé. Me pasó una historia en el trabajo y al final no terminé como debería haber terminado. Me vine a mi tierra, que soy de Madrid, y al mes empezó a llover en Sevilla. Fue la época de las trombas de agua increíbles y se me llenó de moho la casa casi hasta el techo.

C: Sí, sí, pero eso le puede pasar a cualquiera también, Fernando.

F: También, a cualquiera. Ahora estoy trabajando aquí, en *Ajalvir,* estoy de control de calidad y tengo muchos aparatos a mi alrededor.

C: ¿De qué producto concretamente?

F: Yo estoy de control de calidad de papel de tintas, de impresión. Me enseñan cómo funcionan los aparatos y según voy terminando con un aparato se me va rompiendo. Un batidor que bate cuarenta kilos de tinta, tiene dos motores, pues se quemó el superior y ya no volvió a funcionar.

C: Eso le puede pasar a cualquiera también.

F: A cualquiera. Luego, un aparato que sirve para imprimir unas pruebas de alta definición, hace una semana dejó de funcionar pero es que nadie lo había tocado.

C: ¿Y está a su cargo también?

F: Sí, sí, por supuesto. Ya mi jefe cuando viene dice: «¿Qué ha pasado hoy?» Y le contesto: «No sé. Hoy no ha pasado nada, por ahora.» Y me comentan aquí que un toro, un aparato que coge peso de mil kilos, se conoce que lo levanté demasiado con mil kilos a cuestas, y empezó a salir aceite por arriba y ya no volvió a funcionar tampoco.

- HISTORIAS DE CIEGOS

Jesús

F: Yo he sido guía de un paraolímpico, de un ciego. Al poquito de empezar a rodar con él (yo era guía de rodar, no de competición) fuimos un día a Barcelona al CAR, al Centro de Alto Rendimiento, y allí empezó mi odisea. Nos fuimos en tren y en el viaje le entraron ganas de orinar. Me avisa, abro la puerta, le meto dentro del servicio y al ratito sale y me dice: «¡Cachondo, no enciendas la luz y dime dónde está la taza!»

Tino

F: A mí me han pasado muchísimas cosas en mi vida porque llevo veintidós años ciego. Al principio fue muy duro pero ahora para mí es normal. Soy gallego. Antes trabajaba en Orense delante de la puerta de un bar, tenía una mesita como expositor con los cupones con una pinza y una cuerdecita colgada en el pecho. Esperaba siempre a última hora para ir al baño y como ya controlaba todo voy para allá corriendo, abro la puerta, detrás de la puerta había dos orinales y desde lejos enfoco. Resulta que estaba un señor meando y le meé en el culo.

C: Así, directamente. ¿El señor se molestó?

F: El señor se volvió y vio los cupones que los tenía colgados. Le dije que me perdonara y me contestó que estuviera tranquilo, que no pasaba nada. Pues resulta que era el director del Banco Bilbao Vizcaya.

C: Vale, ¡perfecto!

F: Después, cuando pasaba, me decía: «Oye Tino, que voy al baño.»

Pedro

F: Aquí en Málaga hace ya unos años, en tiempos de Franco, vino de visita el Príncipe de España, don Juan Carlos. Entonces un grupo de ciegos acudió y puso una pancarta que decía: «Juan Carlos, estamos contigo aunque no te podamos ver». La Brigada Social se los llevó por subversivos. Y los pobres: «No, pero si esto era sin mala intención.» Hasta que los pobres pudieron explicar que aquello no tenía maldad los tuvieron detenidos unas cuantas horas.

• LOS HAY QUE COLECCIONAN DE TODO

Ángel

F: Yo concretamente hago colección de radiografías.

C: ¿De radiografías suyas personales?

F: No, no, de cualquier persona.

C: ¡Ah! ¿Y cómo las consigue?

F: Las consigo en las consultas, en algunos sitios que me las van dejando. Las que más me gustan son las de fracturas. Apoteósicas.

C: ¿De fracturas abiertas incluso?

F: Sí, sí, de todo tipo. Hombre, no llega a la colección de Camilo José Cela, que hace de esquirlas.

C: Pero ¿fracturas de base de cráneo también?

F: De todas, de todas las que lleguen.

C: Con esquirla...

F: Con sus clavitos...

C: ¿Cuál es su favorita?

F: Una que tengo de triple fractura en un dedo gordo del pie que parece prácticamente el seis doble del dominó. Está muy bien, muy bien. Tengo una muy curiosa donde se ve un esfínter con un bote de Danone.

C: ¿Dentro?

F: Sí.

C: ¿O encajado?

F: Encajado, encajado.

C: ¿Y con el bote de Danone de cristal de antes?

F: Sí, sí. Y además se ve la marca perfectamente.

C: ¿Y era como que había sitio o quedaba justito?

F: Pues estaba como ajustado, bastante ajustadito, sí.

C: ¿El Danone estaba lleno?

F: No, no, no, vacío, vacío.

C: ¿O había tomado la precaución de comérselo antes?

F: Lo que no sé es si estaba fresco en el momento de...

Naranjo: Pregunta si era de limón o natural.

Lorenzo: Carlos, estás rozando la escatología.

C: No, no, perdona, es periodismo; ¿verdad, Lorenzo?

Lorenzo: Es periodismo verité. Estoy de acuerdo contigo.

C: Yo estoy obligado por deontología profesional a preguntar e intentar sacar más cosas de una información que me brinda este señor. ¿Y cómo las ve usted en casa? Organiza una fiesta con los amigos: «Vamos a ver unas radiografías.» ¿Se las enseñan?

F: Hay gente interesada ¿eh?, bastante gente interesada. Es como todo, es animarse. No lo del yogurt, ¿eh?, lo de la radiografía.

C: ¡Ah!, ¡ya, bueno, ya!

Juan

F: Colecciono recordatorios de difuntos.

Luca: ¿Y por qué?

F: Porque es muy agradable verlos.

Luca: Pero cómo empezó. Es que a mí eso me llama mucho la atención.

F: ¿El qué?

Luca: El coleccionar. ¿Por qué se le ocurrió coleccionar eso?

F: Porque los entierros es una cosa muy bonita, entonces me gusta tener un recuerdo de eso.

C: Yo estoy de acuerdo con usted. Tiene un algo.

F: Sí, sí, sobre todo para el que va dentro.

C: No, para el que va dentro es... ¡Hombre! Quiero decir... bueno, sí o no. Depende. Pero, ¿cómo empezó usted a coleccionarlos?

F: Por coleccionar algo.

C: ¿Pero fue usted a un entierro que le gustó especialmente?

F: Sí, y se empezó a coleccionar.

C: ¿Y va usted a entierros que no sean los suyos?, quiero decir, que no le correspondan con tal de coleccionar.

F: Realmente no.

C: No, porque podría usted decir: «Vamos a ver, fallecidos hoy en la localidad.» Se hace usted su repasito...

F: Si es feo y tiene foto el recordatorio sí.

C: Los hay con foto, ¿verdad?

F: Sí, sí. Ahora se pierde mucho eso. ¡Es una pena! En los antiguos se veía la foto del señor (ya sabe que antes era muy difícil que hubiera fotos en casa) y pone: «Fulanito de tal que murió con ochenta años», y se ve la foto de cuando estuvo haciendo la mili en África. Y dices ¡joder, qué joven!

C: ¿Y cuál es su esquela favorita?

F: Tengo una que pone: «Fulanito de tal murió a los sesenta y pico años en perfecto estado.»

C: ¿Y ya se queda usted a dar el pésame?

F: Sí, sí, naturalmente. Las cosas o se hacen bien o no se hacen.

• CUIDADO CON LO QUE SE ENCUENTRA

Pedro

F: Mi mujer se encontró una bomba.

C: ¿Sí?

F: Pero en el coche. En el maletero de mi coche.

C: ¿Y eso?

F: Porque lo que se encontró fueron las bragas de una persona y eso era una bomba.

C: Tengo una curiosidad, Pedro; ¿qué hacían las bragas de otra persona en el maletero de su coche?

F: ¡Pues eso me preguntaba yo! Hasta que tuvimos la bronca, vino mi cuñada a casa y le dijo: «¿Estáis enfadados los dos?» Y contesta: «Sí.» Y dice: «¿Por qué?» Y contesta: «Porque me he encontrado las bragas de una tía en el coche.»

Y dice: «Pues precisamente me faltan a mí unas de cuando vosotros fuisteis a recogerme al cámping.» Y casi me cuesta a mí el divorcio las bragas.

C: ¿Usted en algún momento temió que eso pudiera haber pasado de verdad?

F: No, es que yo no le encontraba la lógica de tener unas bragas en el coche porque no había estado yo con nadie ni nada. Y no le encontraba la lógica. Y ella, lógicamente, no se lo creía porque las bragas evidentemente estaban en el maletero.

C: Pero cuando usted se lo trataba de explicar, ¿qué argumento utilizaba?

F: Que no sabía cómo había podido llegar eso ahí. Y ella decía que andando solas no venían las bragas.

Naranjo: ¡Depende!

C: No, depende de la carga que lleven. Pero por ejemplo, cuando apareció su cuñada ya todo se calmó, ¿no?

F: Sí, pero bueno, yo le tenía que decir hasta de qué marca eran y dónde las había comprado.

• ¡VAYA SUSTO!

Álvaro

F: Yo trabajo de bombero y nos llaman para todo. El fuego es quizá a lo que menos miedo tengamos porque lo tenemos más o menos dominado. El problema son los animales: cuando te llaman para un gato, para un perro... El problemilla es que yo tengo miedo y entonces, claro, el dueño se agarra a mí pensando que yo voy a coger al perro y yo no pienso coger el perro. Yo le digo: «¿Muerde? ¿Cómo se llama?» Es un poema.

C: Y es usted bombero, claro.

F: Sí, sí, sí. Pero la anécdota que le quería contar es que cuando entré a trabajar de bombero nos llamaron por una señora que llevaban tiempo sin verla y olía mal por la casa. Mi jefe me mandó saltar por la ventana. Era un entresuelo, como una especie de escalera de caracol. Con mi inexperiencia me solté, me pegué un batacazo, cogí el casco, la linterna y me puse a iluminar la casa. En la cama había una señora con la cara azul y un pestazo que había... Por la emisora dije que creía que la señora estaba muerta. Me contestaron que abriera la puerta y ésta tenía un cerrojo de estos antiguos FAC que hay que abrirlos por dentro con la llave. Las llaves no estaban puestas y les dije: «Las llaves no están puestas. Tirad la puerta.» Me contestaron: «Cómo vamos a tirar la puerta. ¡Busca la llave por ahí!» Pues andaba buscando la llave y no la encontraba por ningún lado. Me dijeron que mirara por donde la señora a ver si estaba por ahí. Veo un bolso, lo abro y escucho una voz que dice: «Las llaves están en el cajón.» A mí se me cayó la manguera, el casco... Y la mujer es que se había resbalado y lo que olía era la basura. ¡Que se me paró el reloj!

• APRETONES (TAL COMO SUENA)

Enrique

F: Yo soy ingeniero de la quinta rueda.
C: ¿Eso qué es lo que es?
F: ¡Hombre, camionero!
C: ¡Ah! Bien, bien...
F: Por la gracia de Dios. Te admiro mucho porque te considero una mezcla de Charles Bukovsky con Lorca.
C: ¡Fenómeno! Qué preparación, Enrique. ¡Qué alegría!
F: Mira, te cuento una anécdota. Estaba yo una vez de esas que Dios te toca con el dedo y te pone una mujer de re-

cio cuerpo a tu disposición. Por la mañana tempranito pasamos por una discoteca que hay en la carretera de Pinedo al Saler y me dio un arrechuchón, pero yo iba vestido con mis bermuditas y mis tenis marca Tórtola. Me dio el arrechuchón y fui a meterme a la discoteca. Había un gorilón en la puerta, Carlos, que era el animal más parecido al hombre. Era una cosa terrible. Y me dice: «Aquí con esa ropa no puedes entrar.» Y yo con el apretón. Vi una acequia cercana de las del Tribunal de las Aguas de Valencia y pensé que si iba ahí no se iba a enterar nadie. Le dije a la niña: «Espérate aquí.» Y cuando volví me dice: «De dónde vienes que te fuiste con calcetines y vienes sin calcetines.»

José Antonio

F: Yo soy camionero. Estuve cargando en Ocaña y me tomé un café de estos de aguachirri. Iba a descargar a la carretera de Burgos y en pleno atasco de la M-30 me vino un apretón de esos que no sabes dónde meterte. Cuanto más me agarraba al volante más me apretaba aquello. Yo ya no sabía qué hacer. No me dio tiempo ni a apartar el camión al arcén un poquito, cogí y me metí debajo de la caja del camión y ahí me quedé tranquilo.

C: ¿Debajo mismo del camión?

F: Sí, sí, debajo del remolque. Entre las ruedas; ahí me tuve que meter. La cosa es que se me olvidó bajarme papel.

C: ¿Y cómo salió usted de esa situación embarazosa?

F: Salí un poquillo mal porque empezó a andar la caravana y justamente cuatro coches detrás mía estaba la Policía Municipal.

C: ¿Y qué le dijo la Policía Municipal?

F: Pues al observar que en la cabina no había nadie pararon para ver dónde me había metido. Salí fuera del camión y me dijeron: «¿Qué hace usted?» Y le contesto: «Nada, es que me he quedado averiado. Se me ha quedado enganchado un freno.» Y me dice: «Pero hombre, ¿no se ha podido apartar?» Hasta que el hombre me dijo: «Aflojando los frenos, ¿no?»

• Y LLEGÓ EL BROMISTA

Antonio

F: Tengo una tía que era la más chica de la familia de mi madre y era de estas que para casarse quería tener el piso preparado hasta el máximo. Su novio, que ahora es su marido, le decía: «Venga, vamos a casarnos.» Y ella: «Que no, que falta el televisor, la lavadora, los muebles...» Se consigue casar y entre los primos y demás dijimos: «Pues ésta se va a enterar ahora.» Se va de viaje de novios a Canarias, de esto hace seis años, cogemos la furgoneta de un familiar y le vaciamos el piso entero. Le dejamos el piso sin nada, pelado; ni las cortinas, ni los cuadros, ni las lámparas... Nos tiramos cuatro días para desvalijar la casa. Desmontamos los muebles, las camas... todo muy bien para no romperlo. Vuelven de viaje de novios y no veas la que se lió allí. Cuando lo vieron no avisaron a nadie de la familia; lo primero que hicieron fue ir a la Guardia Civil. Los muebles los teníamos en una cochera. Y nosotros: «Esta no nos dice nada.» A los dos días mi madre la llama y le dice: «¿Qué tal el viaje?» Y le contesta: «Me han robado el piso y no me han dejado nada.» Y empezamos a aguantar la broma hasta que un día la Guardia Civil empezó a preguntar a la familia y ya sacamos los muebles. Tuvimos que pagar una multa entre todos de doscientas mil pesetas y mi tía se pasó un año sin dejarnos entrar allí.

C: Pero cómo fue el momento en que le dijo usted: «Tita, yo tengo los muebles.»

F: Se lo dije a mi hermano porque la denuncia ya estaba en firme y la Guardia Civil buscando por el pueblo (somos de Dos Hermanas) a los delincuentes. Empezaron a investigar y hasta que nos dimos cuenta de que estaban buscando a unos tíos que habían robado un piso entero. Se lo dijimos a mi tía y fuimos con ella a la Guardia Civil. El de la Guardia Civil poniendo a mi tía verde: «Usted es tonta. Usted para qué se cree que estamos nosotros aquí.» Y automáticamente nos denunciaron a nosotros, a los familiares.

• COSAS INÚTILES QUE SABE HACER

Valentín

F: Antes jugaba al fútbol y en el ochenta y seis, tendríamos dieciséis años, uno de los compañeros del equipo era muy flexible y cuando nos estábamos cambiando en el vestuario se agachaba, se cogía el aparato y como si fuera un globo lo inflaba e iba soltando el aire y haciendo un ruidito. ¡Era un cachondeo! Queríamos acabar el partido para que en el vestuario nos hiciera el numerito.

C: Es decir, él cogía su miembro viril...

F: Sí. No estaba operado de fimosis, por eso se cogía el pellejo, se agachaba, lo inflaba, se le ponía como una morcilla e iba soltando el aire que iba haciendo ruiditos igual que un globo.

C: Pero vamos a ver, o su miembro era anormalmente largo o le faltaban tres vértebras.

F: Lo tenía un poco grande, la verdad. Pero era muy flexible. En el vestuario, en el banco donde nos cambiábamos él se sentaba, se agachaba y se lo cogía, se lo estiraba, lo inflaba y luego iba soltando el aire haciendo ruiditos.

C: ¡Es lo más que he escuchado en mi vida! ¿Por qué no se ha presentado a un circo o alguna cosa así?

F: No sé, pero nos echábamos unas risas tremendas.

C: ¡No me extraña!

• COTILLAS, FISGONES, CHISMOSOS, CUENTISTAS...

Mari Carmen

F: Llamo desde un pueblo de Toledo y quiero hablar porque estoy harta de mis vecinos. No solamente de mis vecinos, es todo el pueblo entero. Es como el deporte nacional de este pueblo. ¡No lo entiendo! Mi vecina es la abanderada porque es lo peor de lo peor. Tengo veintiocho años, salgo de fiesta, me gusta divertirme... Bueno, pues mi vecina debe ser que no duerme o se aburre mucho porque da igual que yo llegue a las tres de la mañana, a las cinco, a las siete, da igual, ella sale y se pone a barrer en su patio. Yo no sé a las cinco de la mañana qué es lo que ve porque no tiene luz en el patio pero ella me ve llegar, a ver en qué estado llego. Si mis padres ese fin de semana no han estado en mi casa, a la primera que los ve o cuando están el domingo en el bar tomando las cañas, va directamente y les dice: «¿Sabes a qué hora llegó anoche tu hija?» Y mi padre: «Pues sí» o «Mira, pues no». Ella contesta: «Pues llegó a tal hora.» Para que se enteren bien ya no sólo mis padres sino todo el mundo. Al final todo el mundo sabe mis horarios. ¡Y estoy harta!

C: ¿Y el resto del pueblo digamos que también tiene la misma costumbre?

F: La gente mayor sí. Los jóvenes de mi pueblo estamos hasta las narices, hasta el punto que ni siquiera vamos a tomar un café al pueblo porque para que luego sepa todo el mundo lo que hemos hecho o lo que no... Y cuando no ocurre nada se lo inventan.

C: Y cuando usted vuelve y está barriendo a las cinco de la mañana, qué le dice: «¡Qué!, ¿barriendo?» o algo así. ¿Usted no le dice nada?

F: Sí, sí, le digo: «Buenos días. Qué, ¿todavía no nos hemos acostado?»

Rafael

F: Te voy a hablar de una vecina que tengo. Entre la gente que nos conocemos del barrio le llamamos «La Agencia EFE» porque es tremenda. Tiene una persiana que dos de las rejillas son orientables para ponerse detrás y poder mirar sin ser vista. Y un día fue el colmo porque estábamos hablando y uno de nuestros amigos dijo: «Vamos a quitarnos de aquí porque esa seguro que está oyendo, que es una cotilla.» Y de pronto se abre la persiana y se oye: «¡Yo no soy una cotilla!»

C: ¡Pobre mujer! ¿Y es una buena señora?

F: Sí, sí, es muy buena. Lo único que tiene es que le llamamos «La Agencia EFE» porque cualquier cosa que ocurre ella lo sabe mejor que nadie.

Manuel

F: Llevo tres años diciéndole a mi mujer: «Hay que ver lo chismosa que es la vecina.» Cada vez que salgo está en la puerta. Si tiro la basura viene conmigo y siempre igual. Y anoche fue la confirmación. Soy madridista, aunque le pese, madridista total. Anoche llego a casa y pongo la tele para ver cómo había quedado el Madrid. Están dado los resultados y mi mujer preguntándome. Le digo: «¡Ya no me he enterado cómo ha quedado el Madrid!» Y escucho por el tabique: «¡3-1!»

C: O usted tiene tabiques muy delgados, Manuel, o la verdad, su vecina es una auténtica profesional.

F: No le digo de dónde llamo porque igual no me deja entrar esta noche. Mi vecina es la que se fue a confesar: «Padre, me acuso de que soy muy chismosa, muy chismosa. Se queda una preñada y yo la primera: se ha ido Marujita a Alemania con el novio. ¿Usted cree que me salvaré?» Y contesta: «Hombre, claro. Reza seis padrenuestros, tres avemarías...». Y dice: «Pues ya que estoy aquí le voy a preguntar padre: ¿quién murió primero, la Virgen María o san José?» Y responde: «San José.» «Y qué hizo la Virgen con la carpintería: ¿la traspasó o la vendió?»

Andrés

F: ¿Usted se acuerda cuando las cabinas telefónicas no existían, que estaban las centralitas?

C: Claro.

F: Pues una señora telefonista tenía fama de que escuchaba las conversaciones y, en una ocasión, había una pareja de novios hablando tranquilamente por teléfono y como sabían de qué iba el tema le dice ella a él: «Vamos a dejarlo que Fulana nos estará escuchando.» Y se escucha por el auricular: «¡Y una mierda!»

Rafael

F: Nada más salir del ascensor oigo los clicks, que es inquietante, de las mirillas de las vecinas. Eso lo primero. Y luego, la vecina que tengo en la puerta de al lado, que mi bloque hace un esquinazo, se asoma a la ventana y en vez de mirar el bonito jardín que tenemos con piscina y todo, me mira directamente a mí. Mira a mi ventana y estoy en el sofá leyendo y me está mirando.

C: ¿Tiene usted alguna vida disoluta?

F: No, no, no. Hombre, en casa tenemos calefacción central, hace mucho calor y voy en calzoncillos. Debe ser por eso, pero son largos. También te quería hablar de mi portera que se llama Urbana, un nombre muy bonito para una portera. Varias veces la he pillado leyendo las postales que mandan a la gente y mi hermano, que es muy cachondo, cada vez que me envía una postal la saluda a ella.

C: O sea, que le pone: «Saludos Urbana, me alegro de saludarla.»

F: Sí, sí, sí, exacto. Me imagino que se da por aludida.

C: Lo bueno es lo de las mirillas. Oye usted ese click característico de la mirilla cuando baila, ¿no?

F: Sí, sí, es salir al descansillo y oír «click, click, click».

• MENTIROSOS COMPULSIVOS: LA ESPECIE QUE NUNCA SE EXTINGUIRÁ

Javier

F: Yo soy mentiroso. Pero mentiroso lo que yo entiendo por mentiroso compulsivo. Es decir, tú hablas con diez amigos míos de distintos sitios o que no somos de la pandilla común, y si hablasen de mí entre ellos ninguno sabría de quién estaba hablando porque con cada uno de ellos tengo una historia distinta.

Rafa: Pero es usted muy inteligente, ¿eh?

F: Que conste una cosa: ser un mentiroso de verdad, buen mentiroso, tiene su trabajo. Eso requiere un archivo mental impresionante para acordarte de las mentiras que le contaste a uno y a otro, saber cómo le tienes que seguir la conversación para que no se enteren de que les has mentido a unos y a otros. Eso llevado a una familia grande como la mía...

C: ¿Y cuál es su especialidad, José Luis?

F: Todas. Miento absolutamente en todo.

C: Pero hasta incluso en lo innecesario, ¿verdad?

F: En lo más innecesario. Es que yo muchas veces me asombro. Digo: «Pero bueno, ¿por qué leches le dije yo esto? Qué tontería.»

Luca: ¿Pero lo haces por placer?

F: No, lo hago inconscientemente. Lo hice desde niño. A mí si alguien me pregunta algo, directamente tiene un noventa y nueve por ciento de posibilidades de que le diga la primera mentira que se me ocurra.

C: ¿Y cuáles son las versiones que usted le ha contado a sus amigos? Las más habituales, las de: «Hola, ¿cómo estás? ¿De dónde vienes?» Y contesta: «Vengo del notario», por ejemplo.

F: «Oye, ¿cómo es que has llegado tarde?» Y yo: «Joder, macho, ni me hables. Tuve un lío hoy... Resulta que me encontré a la novia de Fulano que estuve hablando con ella y por cierto, me estuvo diciendo que muy mal con el tío, ¿eh?» Le puedo contestar lo que se me ocurra. Y llego a mi casa y si no me preguntan nada la cosa va bien y comentamos el día. Pero basta que alguien de mi casa me diga: «Oye, ¿fuiste a mirar lo de los terrenos para comprar?» Como no he ido, lo más lógico sería que contestara: «No tuve tiempo.» Pues no: «Sí, vi cuatro terrenos, lo que pasa es que tengo que hablar con el tío que he quedado con él el sábado.» Claro, esto es un lunes y el sábado tengo que acordarme que tengo que salir de casa porque oficialmente tengo que ir a ver cuatro terrenos.

Luca: ¿Y tendrá una memoria prodigiosa?

F: Una memoria increíble. Hace falta una memoria increíble.

Naranjo: Y además le noto dolido con los otros mentirosos, como diciendo: «Pero qué saben ustedes de las mentiras.»

F: Claro, esos no son mentirosos.

C: Y Javier, ¿le han cogido en muchas?

F: En muy pocas.

C: Cuénteme una que le hayan cogido y le haya fastidiado a usted.

F: Una espantosa fue en mi casa con mi madre que se me deslizó una vez que había aprobado todo en junio y le dije: «Mamá, dame dinero, que me voy de vacaciones.» Le dije que para una vez que había aprobado todo me iba de vacaciones quince días. Yo calculé el tiempo justo de los quince días para presentarme al examen. Tenía la Universidad en Santiago. Y resulta que vinieron mi padre y mi madre a traer a mi hermano que sí había suspendido una asignatura de otro curso. Me cazaron justo en la puerta de la Facultad pero reaccioné muy bien. Cuando me vieron me dijeron: «¿Qué haces aquí?» Digo: «Como sabía que hoy le tocaba examinarse a mi hermano, a ver cómo le iba el tema y a ver cómo está.» Evidentemente, ya no me presenté porque me fui con ellos y no pude.

C: ¿Y sus amigos saben que usted miente o los tiene completamente engañados?

F: Están totalmente engañados. Ahora mismo, por ejemplo, el nombre que les he dado; naturalmente, no me llamo José Luis.

Antonio

F: Estábamos por la sierra de Cádiz un compañero mío y yo. Llegamos a un caserío y dice la señora del caserío: «¡Ojú, que levantera hace hoy!» Y efectivamente hacía un Levante muy grande, una levantera de estas que hacen por la parte de Cádiz, y contesta mi amigo: «¿Levante? levante en San Fernando que estábamos en el cine de verano y arrinconó a todos los muñecos. ¡Mira si hacía viento en San Fernando!» Y no tuvo bastante. El padre era electricista y dice que las pruebas las hacía con las puntas de los cables en la lengua. Mira si era exagerado.

C: ¡Es fantástico su amigo! O sea, él mantenía que el viento a los protagonistas en la sábana los ponía en un lado.

F: Sí, sí. Así lo explicó él.

C: ¿Y éste las metía muy gordas?

F: ¿Gordas? Cada vez que salíamos y empezaba a hablar tenía que pisarle.

Ismael

F: Para hablar de esto hay que remontarse unos añitos, diez añitos lo menos, cuando yo veraneaba en la playa. Tenía un vecino que era mayor que nosotros, nos reuníamos por la noche y nos contaba historias. En la pandilla había chicas y para lucirse contaba historias como, por ejemplo, que en una visita a un museo se escabulleron él y un amigo y entró en una sala en la que no estaba permitida la entrada y vieron un láser que era un arma secreta que luego le contaron que sólo poseía el Estado español. Yo en aquella época boquiabierto, mirando y alucinando. Lo bueno de esto es que nos comentó que les pillaron y les dijeron que cómo ya lo habían visto les iban a hacer una demostración. Los llevaron a un sitio apartado y dispararon a un tanque con el láser y quedó hecho pedazos. Y claro, todos boquiabiertos. También decía que tenía un amigo hombre-lobo, que le daba de comer él.

C: ¡Qué maravilla! ¿Y le ha perdido usted la pista?

F: No, le sigo viendo. Ya no mantenemos el contacto pero por la zona que vive es conocido. Tiene varios seudónimos.

Epílogo

La Guinda

Pónganse en mi lugar.

A diario me toca resumir, ahogado en risas, la mayor parte de las veces, una hora de radio que tiene el mejor guión del mundo: el que hacen los oyentes de manera natural con sus llamadas. Cada día me cuesta un esfuerzo sobrehumano, porque con una mano anoto, con la otra subrayo, con otra más apunto y con la que me queda me rasco la cabeza de los picores inhumanos que me entran... sabrán que por culpa de los fósforos he mutado y soy un pulpo con nociones de caligrafía. Siempre me pasa igual, la guinda se compone de letras escritas con velocidad y con pulso temblón, y ahora dispóngase usted a leerla sin morir en el intento o en la carcajada que se suele esconder detrás de los renglones que menos te piensas. Yo creo que cuando hicieron el anuncio de «Me está estresssando», pensaron en la guinda.

Póngase en mi lugar. Acabo de terminar de leer el libro y aquí me tienen ahogado en lágrimas, con hipo en la voz, espasmos en las buganvillas y cólico de píloro, ¿tendrá cura, doctor? No sé qué historia es más rotunda, las leo una y otra vez para no olvidarlas nunca y siempre saco un detalle que es más divertido que el anterior.

Nos ha quedado un libro apañado, que no es de humor sino de la vida misma. Esto no es un tío que sale con una cortina de fondo, en un bar de carretera norteamericana y se pone a contar su vida en un monólogo, mientras la clientela bebe cerveza a morro y come esas cosas tan odiosas que se llaman cacahuetes salados con cáscara y que se pegan a los empastes. Esto es una vecina enterada que canta el resultado del Real Madrid por el tabique medianero: «¡3-1!» También es aquel encantador novio italiano que se echó Marta y que eructaba a la menor ocasión. Memorable episodio el de abrir la puerta del cuarto de los padres (de ella), y soltar un regüeldo de camello reventón. ¿Y por qué?, respuesta: ¿y por qué no, si al hombre le apeteció cantar *la Traviata* con su pecho de lobo? E increíble que ese sujeto ande vivo por el mundo y no haya sido lapidado por el C.E.P.O.R.R.O. (Colectivo Español de Padres Ofendidos, Rabiosos, Rebotados, Ostrasyá).

Mención especial a un personaje adorable: Josechu el «hunde barcos». Un tipo que ha sido capaz de hundir más barcos, él solito, que toda la Royal Navy durante la Segunda Guerra Mundial. Y no es que fuera gafe, ¡qué tontería!, sino que se iban a pique justo cuando aparecía él. ¡Lo que es la casualidad!

Prometo que me daré cabezazos contra la pared cada vez que vuelva a leer lo de Roberto que se tragó la pastilla de jabón, en el vuelo Moscú-Madrid. Y todo porque no le pillaran afanando algo tan preciado para los coleccionistas como es una angurrienta pastilla para las manos, made in Aeroflot. Llegó a Barajas echando espuma por la boca como la niña de *El exorcista.*

Y aquel invidente, Juanjo, más que novio de la muerte amante de la misma, que se arroja por las laderas de Sierra Nevada con un peto fosforito, incluido el perro. Intuye que ha llegado al final de la pista porque se «desmoña» contra la valla. Y lo contaba riéndose, el tío.

O aquella señora de Lucena que, fiel cumplidora de lo que decía el contestador automático de Telefónica, para salir marcaba el cero. Y cuando se le olvidaba, volvía de la calle para pulsarlo y se marchaba otra vez.

Pero nada, nada, ¡por Dios repasen esa historia!, como lo del marroquí que intentó cocinar una lubina a la sal, ayudado por Gregoria, esa asistenta ecuatoriana directamente sacada de una película de Torrente.

¡Ah, de aquellas llamadas del apretón! Gracias a ellas conocimos algunos capítulos de urgencia de lo que he dado en llamar: «Guía Miguelín de los Wáteres de España.» Tampoco pidan mucho detalle, porque iban a lo que iban, y no estaban para hacer una crítica de la «razón pura», sino un alivio de la «razón práctica».

Con menos de la mitad de estos testimonios, el barón de la Cogne Marinére, Émile de Solomillón, redactó un libro acerca de las bufonadas de la corte de Luis XIV: «Alors, nous être bien», traducido por «Pues sí que estamos bien», en el que ya venían alusiones a un antepasado de Josemi, autor de la célebre frase: «¡Yo, antes muerto que sencillo!»

A todos estos testimonios inolvidables tenemos que añadir los que no recoge la letra del libro pero que la Humanidad reclama su mención en alguna parte. La construcción europea no se habría logrado si Lorenzo Díaz no hubiera trabajado en el zoo de Zúrich. Gracias a él, el elefante se hizo marxista y el mono ha montado un sindicato de clase entre los mamíferos superiores. Impagable lo de aquellas playas nudistas de Dinamarca, en las que si te bañas en enero te pagan la cena y la posterior recuperación en el sanatorio de Griposos del Norte; … y Lorenzo se bañó. O cuando Lucía veía niños azules subirse en su ascensor; ella es capaz de oír una sicofonía en una discoteca en la que pongan «bakalao». O cuando Naranjo acertaba el nombre de todas las teleseries que se han emitido, desde Viriato a la era de las televisiones de plasma. Sin citar que Carlos Herrera apenas ha dicho que él hizo la mili en Ferrocarriles, cuestión que le hermana con cualquier oyente que viva en las proximidades de un nudo ferroviario (a menos de quinientos kilómetros ya le parece suficiente proximidad).

Testimonios que avalan esta sociología de la España sin complejos. Y que debería ser más que un libro de compañía, un libro de texto. Útil para entender a este país tan curioso que se adentra en la era digital sin renunciar al cojín de croché para la bandeja posterior del coche.

Tomen nota las autoridades del Ministerio de Cultura español, o en su defecto el agregado de la Embajada de Malasia en España, que es un tipo «enrollado», abierto y al que le pasan siempre muchas cosas divertidas. Como todo el mundo sabe.

Rafael Martínez-Simancas

Contenido del CD audio adjunto

Agradecemos la colaboración de Carlos Herrera y de gran parte de su equipo, por haber hecho posible la grabación del CD audio adjunto para esta edición impresa, con una selección de las mejores intervenciones de los oyentes o fósforos del programa:

01. La familia unida (Entradilla)
02. Niños que no duermen (Alejandro)
03. La niña que ya tiene novio (Javier)
04. Los hijos que no se van de cada de los padres (Jesús)
05. Comuniones y bodas: Vaya celebraciones (Entradilla)
06. Su primera comunión (Paco)
07. Bodas horteras (Gonzalo)
08. El hogar uniformado (Entradilla)
09. Decoración de interiores (Daniel)
10. Los electrodomésticos, aparatos endemoniados (Rosario)
11. Las estaciones más movidas del año (Entradilla)
12. La Navidad, esa «divina» época de invierno (J. Carlos)
13. El verano ya llegó y con las playas nudistas (Gabriel)
14. Maniáticos (Entradilla)
15. Antes de dormir (Pepi)
16. De la limpieza (Ricardo)